MAX LERM

AUFZUG KAPUTT

Morgen auch!

Wenn die Nachbarn
Zettel schreiben

KNAUR

Besuchen Sie uns im Internet:
www.knaur.de

FSC
www.fsc.org
MIX
Papier aus verantwortungsvollen Quellen
FSC® C014496

Originalausgabe Februar 2015
Knaur Taschenbuch

Ein Unternehmen der Droemerschen Verlagsanstalt
Th. Knaur Nachf. GmbH & Co. KG, München

Umschlaggestaltung: ZERO Werbeagentur, München
Umschlagabbildung: FinePic®, München
Satz: Adobe InDesign im Verlag
Druck und Bindung: GGP Media GmbH, Pößneck
Printed in Germany
ISBN 978-3-426-78713-7

2 4 5 3 1

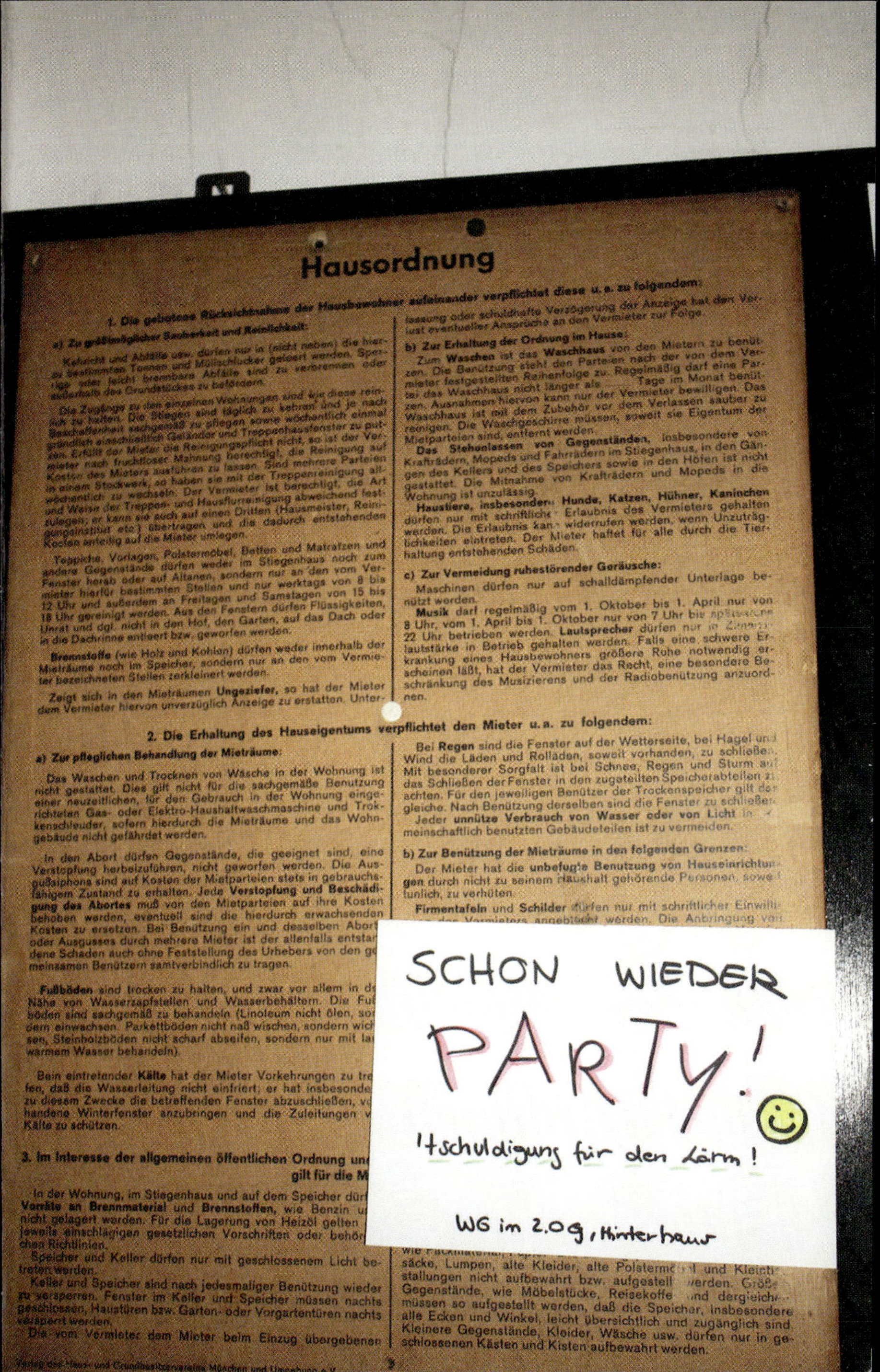
Hausordnung
1. Die gebotene Rücksichtnahme der Hausbewohner aufeinander verpflichtet diese u.a. zu folgendem:
a) Zu größtmöglicher Sauberkeit und Reinlichkeit:
Kehricht und Abfälle usw. dürfen nur in (nicht neben) die hierzu bestimmten Tonnen und Müllschlucker geleert werden. Sperrige oder leicht brennbare Abfälle sind zu verbrennen oder außerhalb des Grundstückes zu befördern.
Die Zugänge zu den einzelnen Wohnungen sind wie diese reinlich zu halten. Die Stiegen sind täglich zu kehren und je nach Beschaffenheit sachgemäß zu pflegen sowie wöchentlich einmal gründlich einschließlich Geländer und Treppenhausfenster zu putzen. Erfüllt der Mieter die Reinigungspflicht nicht, so ist der Vermieter nach fruchtloser Mahnung berechtigt, die Reinigung auf Kosten des Mieters ausführen zu lassen. Sind mehrere Parteien in einem Stockwerk, so haben sie mit der Treppenreinigung allwöchentlich zu wechseln. Der Vermieter ist berechtigt, die Art und Weise der Treppen- und Hausflurreinigung abweichend festzulegen; er kann sie auch auf einen Dritten (Hausmeister, Reinigungsinstitut etc.) übertragen und die dadurch entstehenden Kosten anteilig auf die Mieter umlegen.
Teppiche, Vorlagen, Polstermöbel, Betten und Matratzen und andere Gegenstände dürfen weder im Stiegenhaus noch zum Fenster herab oder auf Altanen, sondern nur an den vom Vermieter hierfür bestimmten Stellen und nur werktags von 8 bis 12 Uhr und außerdem an Freitagen und Samstagen von 15 bis 18 Uhr gereinigt werden. Aus den Fenstern dürfen Flüssigkeiten, Unrat und dgl. nicht in den Hof, den Garten, auf das Dach oder in die Dachrinne entleert bzw. geworfen werden.
Brennstoffe (wie Holz und Kohlen) dürfen weder innerhalb der Mieträume noch im Speicher, sondern nur an den vom Vermieter bezeichneten Stellen zerkleinert werden.
Zeigt sich in den Mieträumen Ungeziefer, so hat der Mieter dem Vermieter hiervon unverzüglich Anzeige zu erstatten. Unterlassung oder schuldhafte Verzögerung der Anzeige hat den Verlust eventueller Ansprüche an den Vermieter zur Folge.
b) Zur Erhaltung der Ordnung im Hause:
Zum Waschen ist das Waschhaus von den Mietern zu benützen. Die Benützung steht den Parteien nach der von dem Vermieter festgestellten Reihenfolge zu. Regelmäßig darf eine Partei das Waschhaus nicht länger als ... Tage im Monat benützen. Ausnahmen hiervon kann nur der Vermieter bewilligen. Das Waschhaus ist mit dem Zubehör vor dem Verlassen sauber zu reinigen. Die Waschgeschirre müssen, soweit sie Eigentum der Mietparteien sind, entfernt werden.
Das Stehenlassen von Gegenständen, insbesondere von Krafträdern, Mopeds und Fahrrädern im Stiegenhaus, in den Gängen des Kellers und des Speichers sowie in den Höfen ist nicht gestattet. Die Mitnahme von Krafträdern und Mopeds in die Wohnung ist unzulässig.
Haustiere, insbesondere Hunde, Katzen, Hühner, Kaninchen dürfen nur mit schriftlicher Erlaubnis des Vermieters gehalten werden. Die Erlaubnis kann widerrufen werden, wenn Unzuträglichkeiten eintreten. Der Mieter haftet für alle durch die Tierhaltung entstehenden Schäden.
c) Zur Vermeidung ruhestörender Geräusche:
Maschinen dürfen nur auf schalldämpfender Unterlage benützt werden.
Musik darf regelmäßig vom 1. Oktober bis 1. April nur von 8 Uhr, vom 1. April bis 1. Oktober nur von 7 Uhr bis spätestens 22 Uhr betrieben werden. Lautsprecher dürfen nur in Zimmerlautstärke in Betrieb gehalten werden. Falls eine schwere Erkrankung eines Hausbewohners größere Ruhe notwendig erscheinen läßt, hat der Vermieter das Recht, eine besondere Beschränkung des Musizierens und der Radiobenützung anzuordnen.
2. Die Erhaltung des Hauseigentums verpflichtet den Mieter u.a. zu folgendem:
a) Zur pfleglichen Behandlung der Mieträume:
Das Waschen und Trocknen von Wäsche in der Wohnung ist nicht gestattet. Dies gilt nicht für die sachgemäße Benutzung einer neuzeitlichen, für den Gebrauch in der Wohnung eingerichteten Gas- oder Elektro-Haushaltwaschmaschine und Trockenschleuder, sofern hierdurch die Mieträume und das Wohngebäude nicht gefährdet werden.
In den Abort dürfen Gegenstände, die geeignet sind, eine Verstopfung herbeizuführen, nicht geworfen werden. Die Ausgußsiphons sind auf Kosten der Mietparteien stets in gebrauchsfähigem Zustand zu erhalten. Jede Verstopfung und Beschädigung des Abortes muß von den Mietparteien auf ihre Kosten behoben werden, eventuell sind die hierdurch erwachsenden Kosten zu ersetzen. Bei Benützung ein und desselben Abort oder Ausgusses durch mehrere Mieter ist der allenfalls entstan dene Schaden auch ohne Feststellung des Urhebers von den ge meinsamen Benützern samtverbindlich zu tragen.
Fußböden sind trocken zu halten, und zwar vor allem in de Nähe von Wasserzapfstellen und Wasserbehältern. Die Fuß böden sind sachgemäß zu behandeln (Linoleum nicht ölen, son dern einwachsen. Parkettböden nicht naß wischen, sondern wich sen, Steinholzböden nicht scharf abseifen, sondern nur mit la warmem Wasser behandeln).
Beim eintretender Kälte hat der Mieter Vorkehrungen zu tre fen, daß die Wasserleitung nicht einfriert; er hat insbesonde zu diesem Zwecke die betreffenden Fenster abzuschließen, vo handene Winterfenster anzubringen und die Zuleitungen v Kälte zu schützen.
Bei Regen sind die Fenster auf der Wetterseite, bei Hagel und Wind die Läden und Rolläden, soweit vorhanden, zu schließen. Mit besonderer Sorgfalt ist bei Schnee, Regen und Sturm auf das Schließen der Fenster in den zugeteilten Speicherabteilen zu achten. Für den jeweiligen Benützer der Trockenspeicher gilt das gleiche. Nach Benützung derselben sind die Fenster zu schließen.
Jeder unnütze Verbrauch von Wasser oder von Licht in gemeinschaftlich benutzten Gebäudeteilen ist zu vermeiden.
b) Zur Benützung der Mieträume in den folgenden Grenzen:
Der Mieter hat die unbefugte Benutzung von Hauseinrichtungen durch nicht zu seinem Haushalt gehörende Personen, soweit tunlich, zu verhüten.
Firmentafeln und Schilder dürfen nur mit schriftlicher Einwilligung des Vermieters angebracht werden. Die Anbringung von
3. Im Interesse der allgemeinen öffentlichen Ordnung und gilt für die M
In der Wohnung, im Stiegenhaus und auf dem Speicher dürf Vorräte an Brennmaterial und Brennstoffen, wie Benzin u nicht gelagert werden. Für die Lagerung von Heizöl gelten jeweils einschlägigen gesetzlichen Vorschriften oder behörd chen Richtlinien.
Speicher und Keller dürfen nur mit geschlossenem Licht betreten werden.
Keller und Speicher sind nach jedesmaliger Benützung wieder zu versperren. Fenster im Keller und Speicher müssen nachts geschlossen, Haustüren bzw. Garten- oder Vorgartentüren nachts versperrt werden.
Die vom Vermieter dem Mieter beim Einzug übergebenen
wie Packmaterial, ... säcke, Lumpen, alte Kleider, alte Polstermöbel und Kleintierstallungen nicht aufbewahrt bzw. aufgestellt werden. Größere Gegenstände, wie Möbelstücke, Reisekoffer und dergleichen müssen so aufgestellt werden, daß die Speicher, insbesondere alle Ecken und Winkel, leicht übersichtlich und zugänglich sind. Kleinere Gegenstände, Kleider, Wäsche usw. dürfen nur in geschlossenen Kästen und Kisten aufbewahrt werden.
Verlag des Haus- und Grundbesitzervereins München und Umgebung e.V.
SCHON WIEDER
PARTY!
'tschuldigung für den Lärm!
WG im 2.OG, Hinterhaus

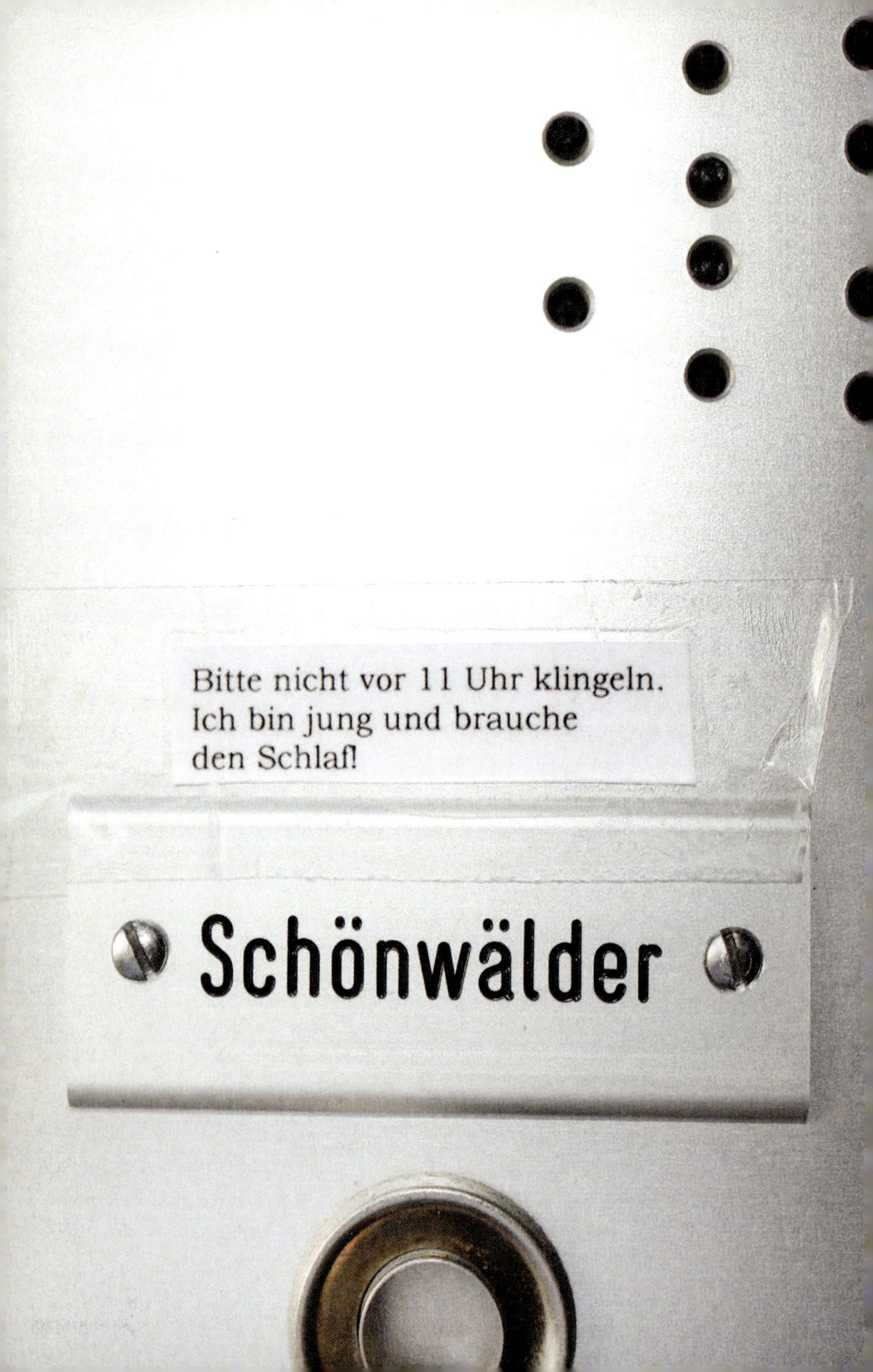
Bitte nicht vor 11 Uhr klingeln.
Ich bin jung und brauche
den Schlaf!
Schönwälder

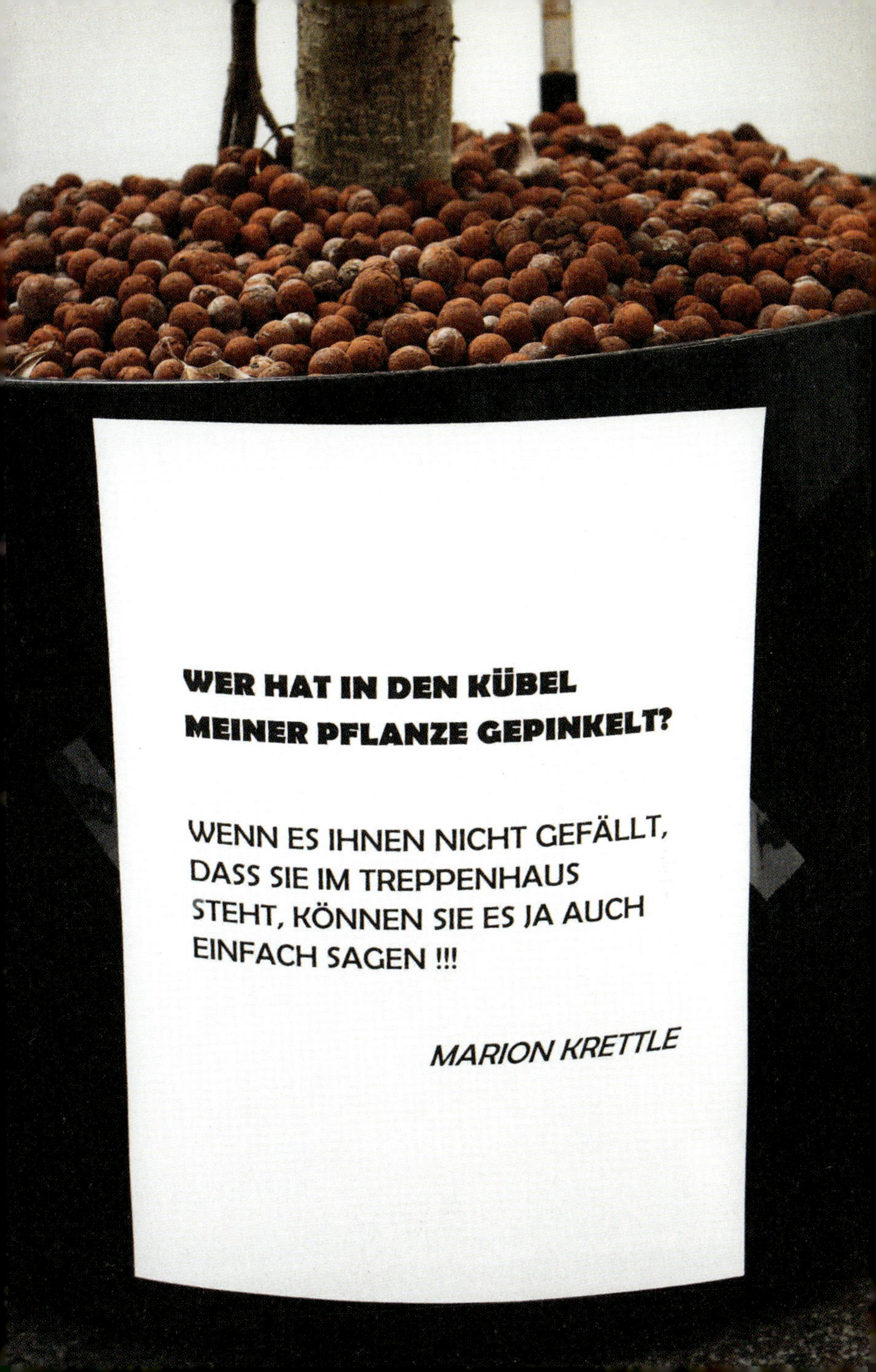
WER HAT IN DEN KÜBEL
MEINER PFLANZE GEPINKELT?
WENN ES IHNEN NICHT GEFÄLLT,
DASS SIE IM TREPPENHAUS
STEHT, KÖNNEN SIE ES JA AUCH
EINFACH SAGEN !!!
MARION KRETTLE

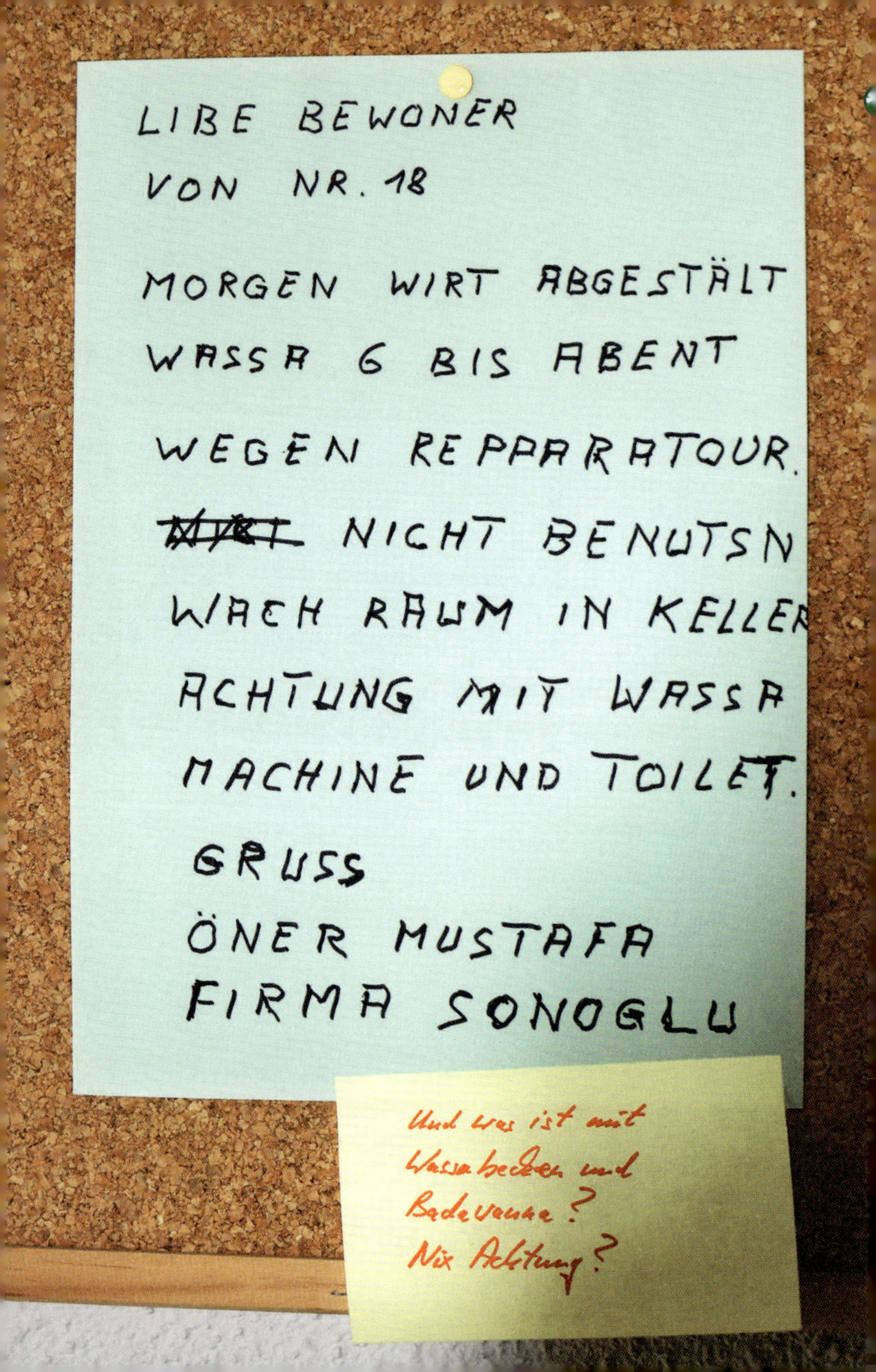
LIBE BEWONER
VON NR. 18
MORGEN WIRT ABGESTÄLT
WASSA 6 BIS ABENT
WEGEN REPPARATOUR.
NICHT BENUTSN
WACH RAUM IN KELLER
ACHTUNG MIT WASSA
MACHINE UND TOILET.
GRUSS
ÖNER MUSTAFA
FIRMA SONOGLU
Und was ist mit
Wassabecken und
Badewanne?
Nix Achtung?

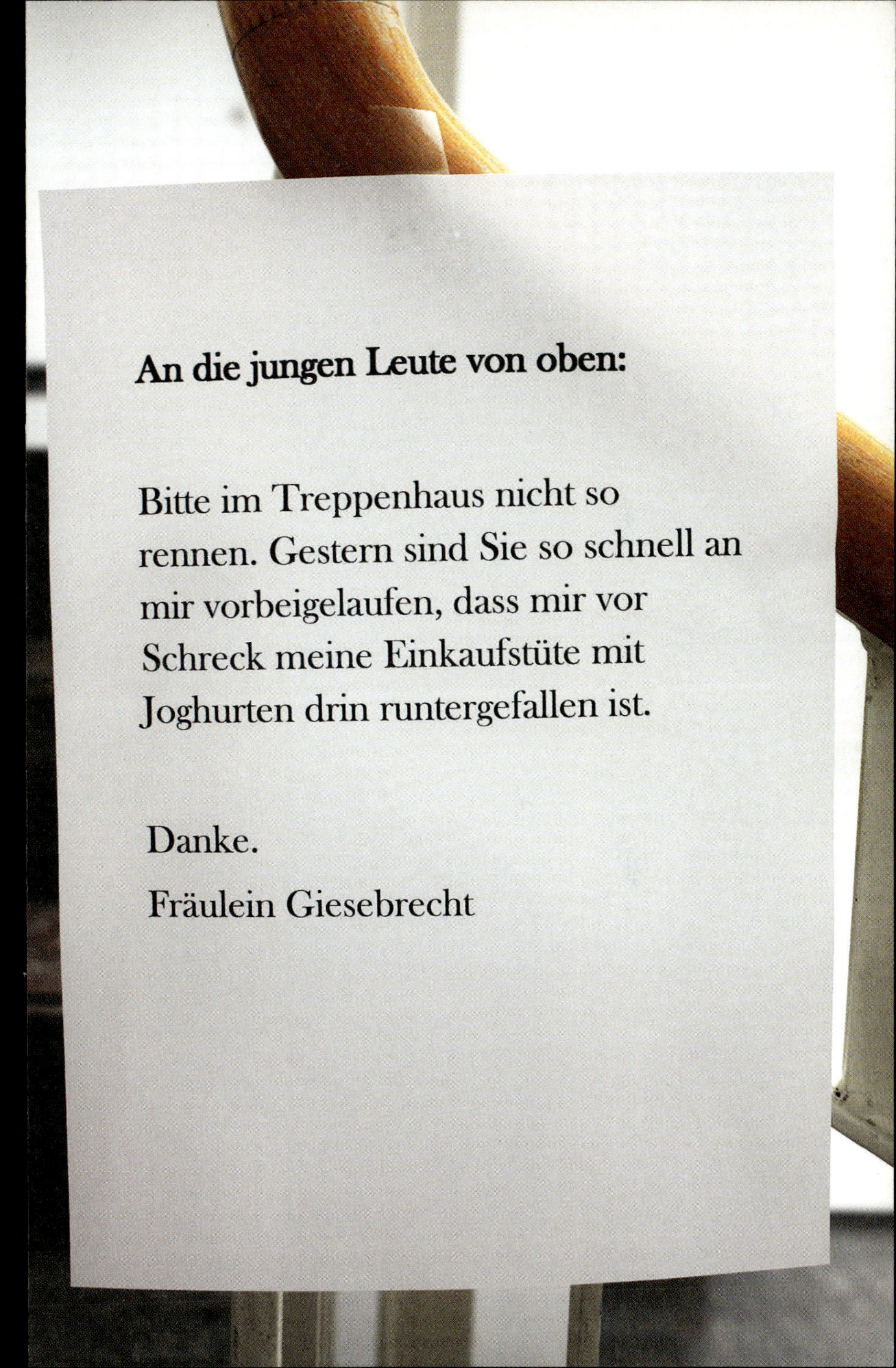
An die jungen Leute von oben:
Bitte im Treppenhaus nicht so rennen. Gestern sind Sie so schnell an mir vorbeigelaufen, dass mir vor Schreck meine Einkaufstüte mit Joghurten drin runtergefallen ist.
Danke.
Fräulein Giesebrecht

Jeden Tag!!!!
Das geht total auf
den Wecker!!!!!

Ich habe eine kleine Tigerente gefunden, wem gehört die?
MIR!

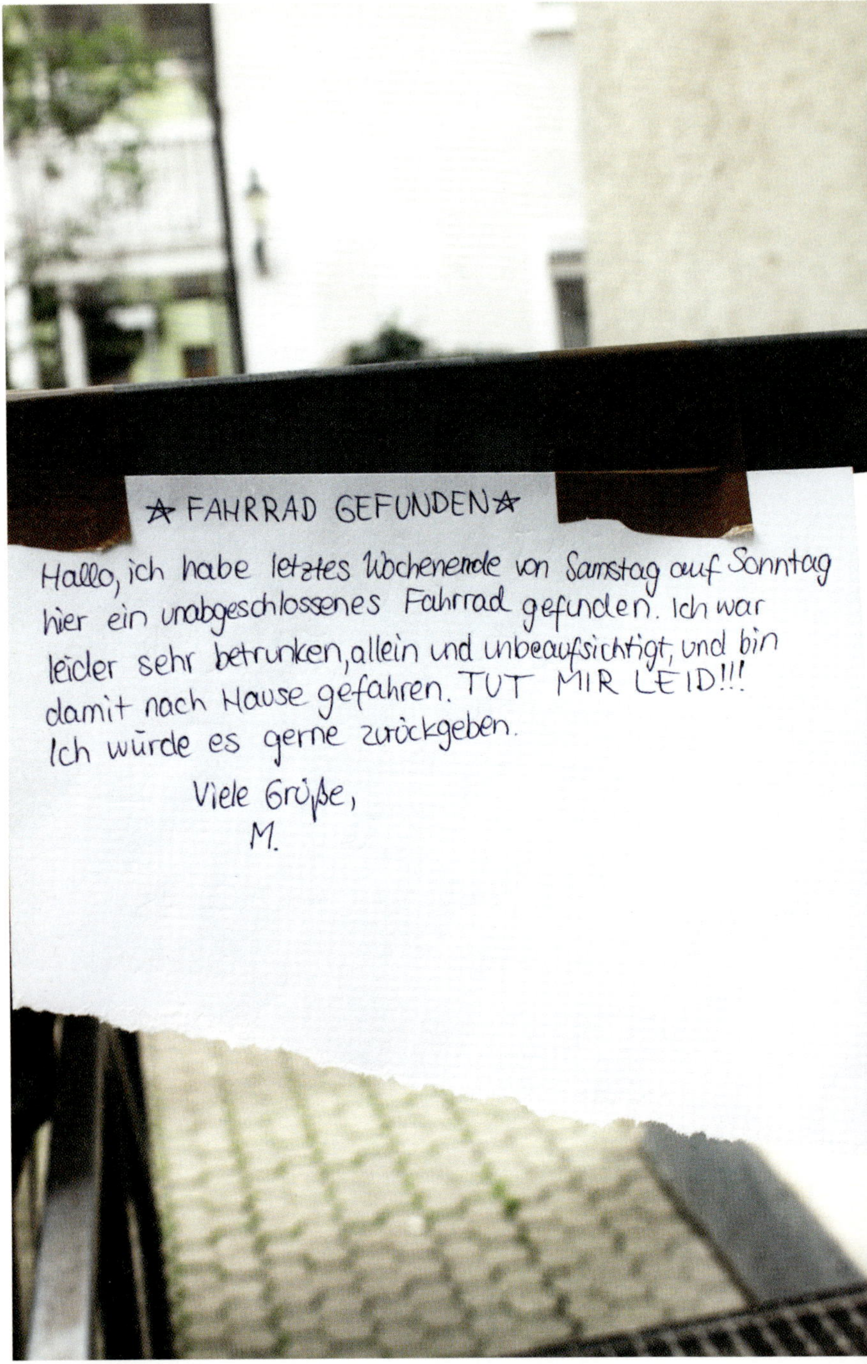
★ FAHRRAD GEFUNDEN ★
Hallo, ich habe letztes Wochenende von Samstag auf Sonntag hier ein unabgeschlossenes Fahrrad gefunden. Ich war leider sehr betrunken, allein und unbeaufsichtigt, und bin damit nach Hause gefahren. TUT MIR LEID!!!
Ich würde es gerne zurückgeben.
Viele Grüße,
M.

Lieber Hausmeister,

BRUMM BRUMM
ÖTTEL ÖTTEL ÖTTEL
KRACH KRACH KRACH

so ein Laubbläser macht ganz schön was her. Aber JEDEN Tag mit höllischem Lärm eine Handvoll Blätter von der linken zur rechten Hofseite pusten – und wieder zurück – ist absolut nervtötend!
Außerdem stinkt's nach Diesel.
Wir sind auch ein „sauberes Haus",
wenn Sie nur alle paar Tage den letzten Herbstblättern hinterherjagen.

Vielen Dank!

Familie Bremer

Familie Dietzel und
Familie Geißler schließen
sich an !!!

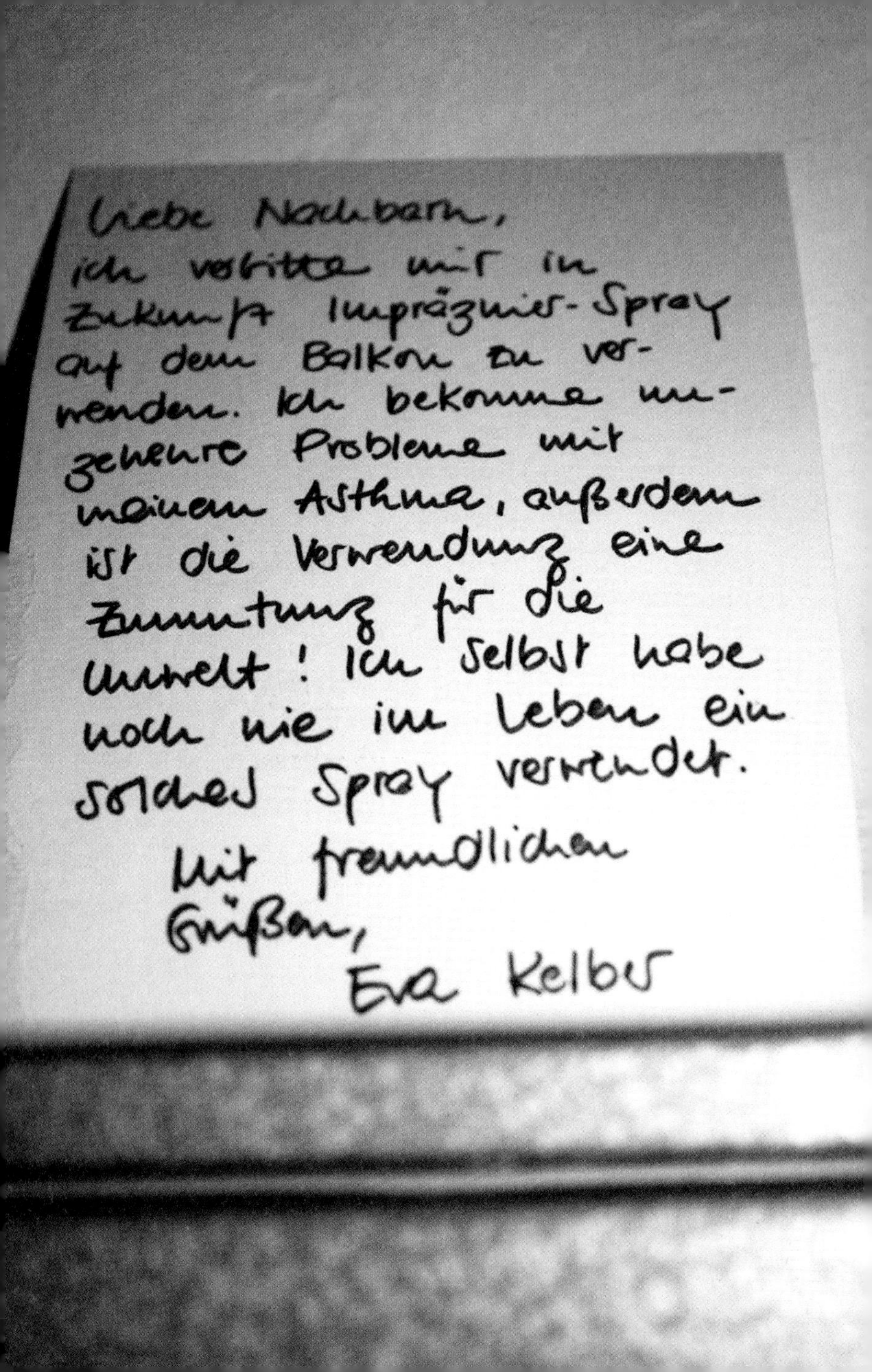
Liebe Nachbarn,
ich verbitte mir in
Zukunft Imprägnier-Spray
auf dem Balkon zu ver-
wenden. Ich bekomme un-
geheure Probleme mit
meinem Asthma, außerdem
ist die Verwendung eine
Zumutung für die
Umwelt! Ich selbst habe
noch nie im Leben ein
solches Spray verwendet.

Mit freundlichen
Grüßen,
Eva Kelber

INTIMFEIND

Hier standen gestern zwei
Kisten Bier für 10 Min. !!!
unbeaufsichtigt. Wer was ge-
sehen hat – bitte bei
DUST klingeln

FAHRRADRAUM

NOAG

Hausverwaltung

Sehr geehrte Mieter,

aus gegebenem Anlass muss nochmals darauf hingewiesen werden, dass Kinderwagen, Dreiräder, Bobbycars u.ä. nicht im Treppenhaus abgestellt werden dürfen, weil im Brandfall damit die Fluchtwege verstellt werden.

Bitte entfernen Sie umgehend alle Gegenstände auf den Halbetagen, vor den Wohnungstüren und im unmittelbaren Bereich der Eingänge.

Die Hausverwaltung wird Anfang nächsten Monats eine Begehung machen und gegebenenfalls reagieren müssen.

Beste Grüße

Hausmeister

Typisch deutscher ORDNUNGSWAHN!

Und was war letztes Jahr, als einen Monat lang das Treppenhaus renoviert wurde? Es waren Leitern, Farbeimer und jede Menge Werkzeug auf den Halbetagen gelagert, man kam kaum daran vorbei.

Und als wir uns beschwert hatten, hieß es, dass wir das hinnehmen müssten und gefälligst dankbar sein sollten für die Verschönerung (als würde die sich nicht in den Nebenkosten niederschlagen).

Wie immer: zweierlei Maß!!!

Hallo,
Ihr beiden Topmodels aus dem zweiten Stock.

Ich wohne gegenüber und mir fehlen nur noch zwei Frauen für einen flotten Dreier!
Interesse?

Sabrina im vierten Stock ist echt die Geilste!!!

Stimmt!

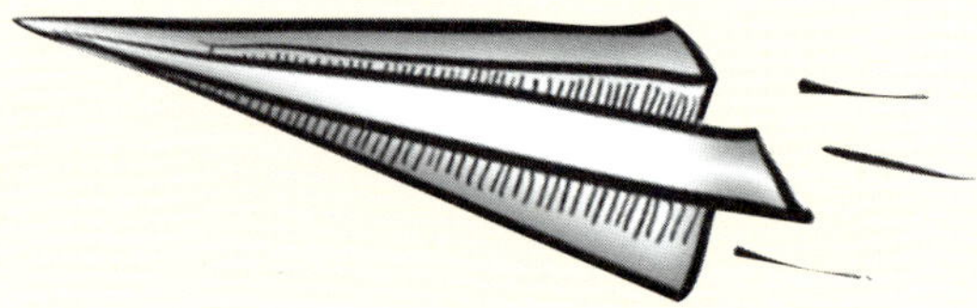

Hier bitte keine Mitternachtsgespräche mehr unter meinem Schlafzimmerfenster!

PS: Ich glaub, Deine Freundin geht wirklich fremd.

Lieber Katzenbesitzer aus dem vierten Stock,

behalt Deine Scheißviecher bitte in
Deiner Wohnung.
Den ständigen Gestank und das Gejaule
im Treppenhaus hält keiner mehr aus.

Danke!

Vorsicht, Waschbären!

Liebe Nachbarn, bitte seien Sie vorsichtig –
im Treppenhaus und im Garten wurden Waschbären
gesehen. Sie können aggressiv werden!

Gez. Breitner

– Das ist meine Katze, Du Alki!

Hallo Nachbar,
wie oft soll ich es noch sagen?
Die Tiefgarage ist kein Wertstoffhof!!!
Wenn die Wanne mit dem Ölwechsel
und die Benzinkanister morgen nicht von
unserem Duplexplatz verschwunden sind,
erhöht sich die Brandgefahr schlagartig!!!

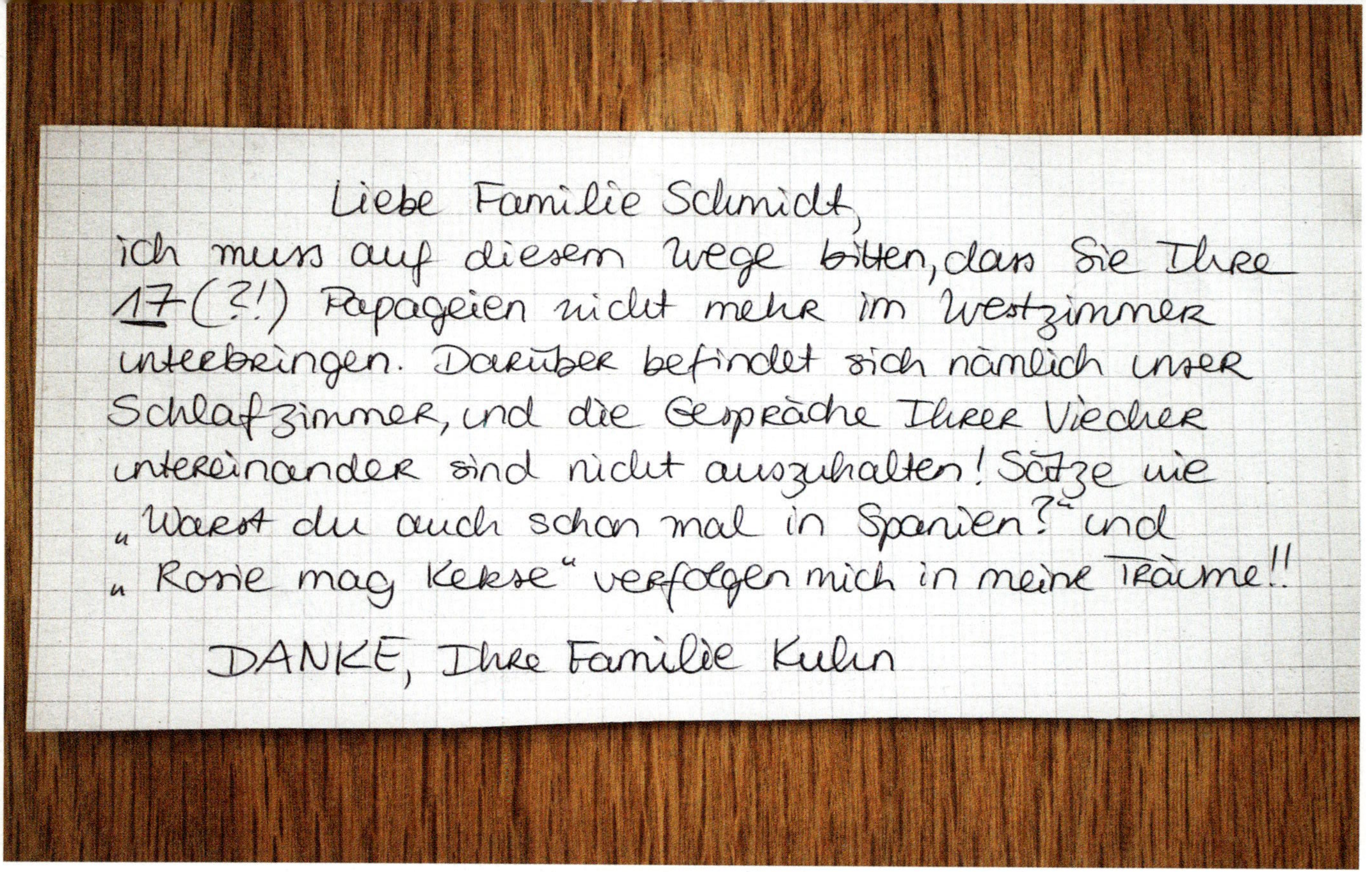

Liebe Familie Schmidt,

ich muss auf diesem Wege bitten, dass Sie Ihre <u>17</u> (?!) Papageien nicht mehr im Westzimmer unterbringen. Darüber befindet sich nämlich unser Schlafzimmer, und die Gespräche Ihrer Viecher untereinander sind nicht auszuhalten! Sätze wie „Warst du auch schon mal in Spanien?“ und „Rosie mag Kekse“ verfolgen mich in meine <u>Träume</u>!!

DANKE, Ihre Familie Kuhn

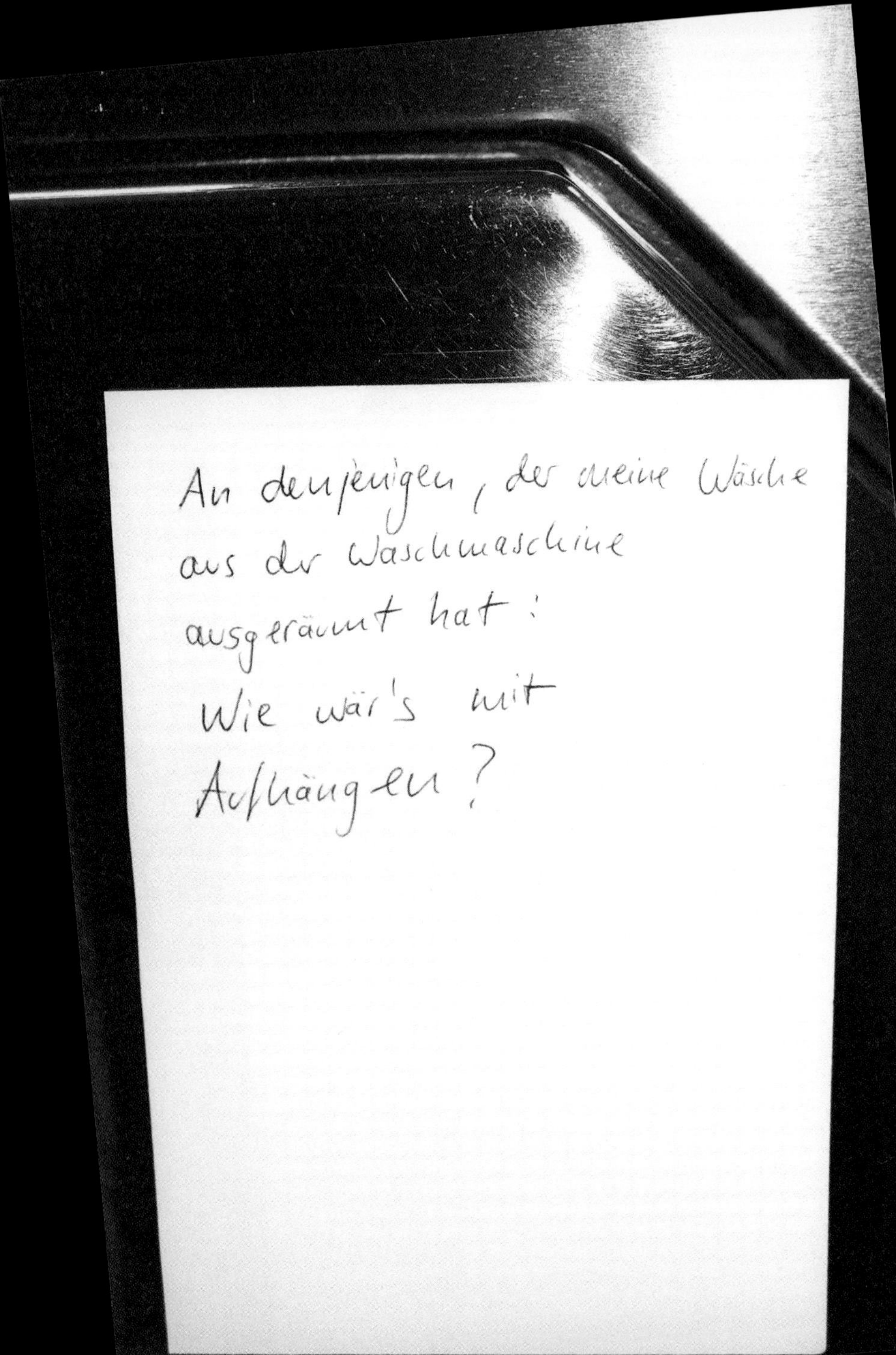
An denjenigen, der meine Wäsche
aus dr Waschmaschine
ausgeräumt hat:
Wie wär's mit
Aufhängen?

HEY MANU,
DU SPAST!
ES NERVT TOTAL, WENN JEDEN
ABEND DEINE ENDSCHWULEN
FRUCHTGUMMI-RAPPER
DURCHS HALBE HAUS JOHLEN.
WENN DU NICHT AB SOFORT DIE
REGLER RUNTERFÄHRST,
WIRST DU DICH SEHR SCHNELL
SEHR WEIT WEG WÜNSCHEN.
DA SCHICKEN WIR DIR NÄMLICH
MAL EIN PAAR GANGSTA
BITCHES VORBEI!!!

In Vorfreude,

Levian und Magdalena aus dem Brief

Die Wehen der Geburt
sind der Atem der Schöpfung
(M. Poisel)

Jarla

***23. Januar 2014**

Liebe FreundInnen und Verwandte, Bekannte und KollegInnen

nach einer stürmischen Geburt hat unsere kleine Tochter und Schwester in unserem Schlafzimmer das Licht der Welt erblickt! Geschrien und getrunken hat sie kräftig ... Es geht ihr also gut und wir sind alle wohlauf.

Wir sind dankbar und glücklich,
Levian und Magdalena

Ihr Lieben!

In den nächsten Tagen erwarten wir
zu Hause unseren Neuankommling.
Falls es während der Geburt laut wird,
bitten wir um Nachsicht!

In Vorfreude,
Levian und Magdalena aus dem Dritten.

Radl +Abstell-
Freie -Zone
A. Breier

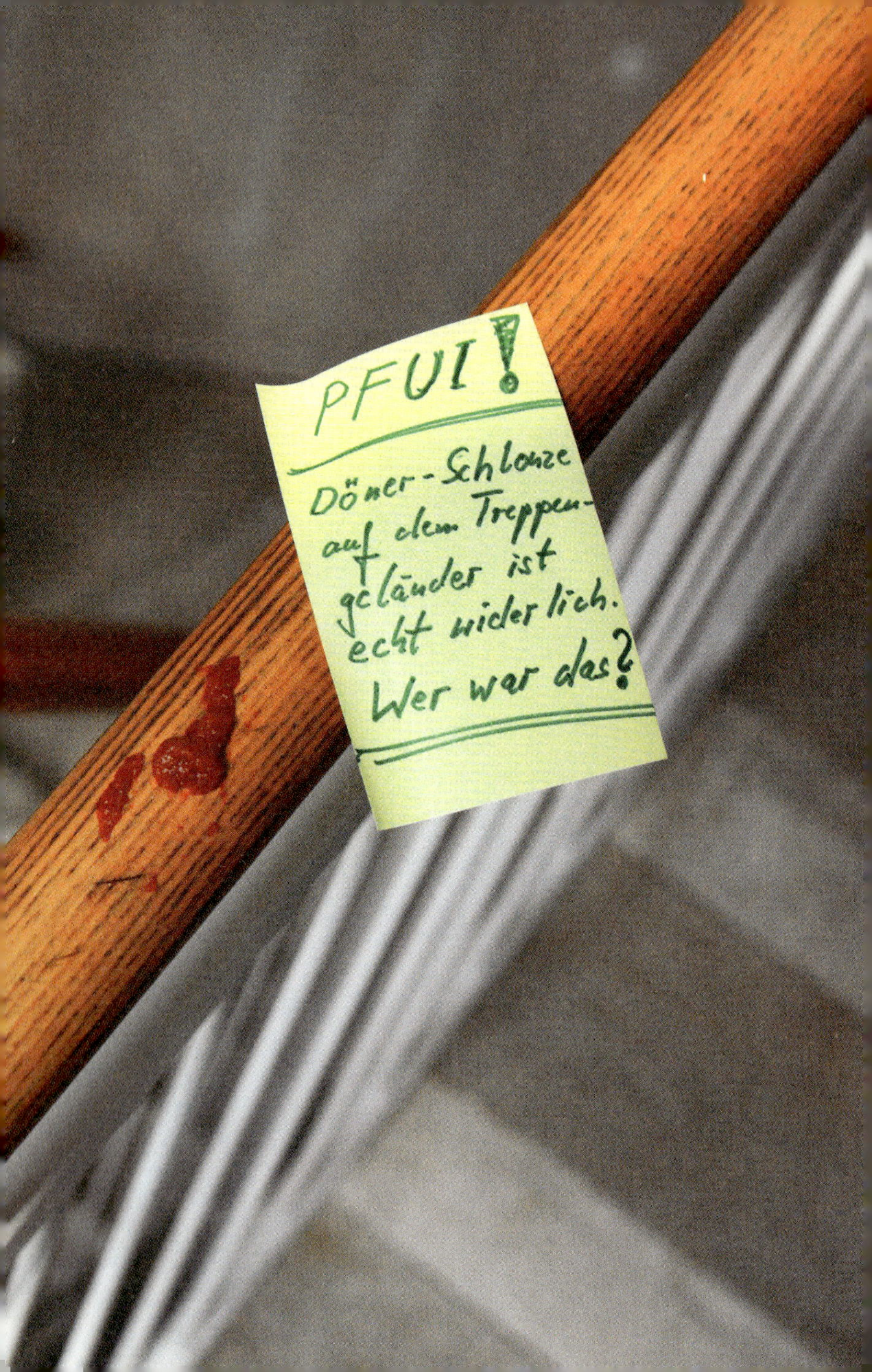
PFUI!
Döner-Schlonze auf dem Treppengeländer ist echt widerlich.
Wer war das?

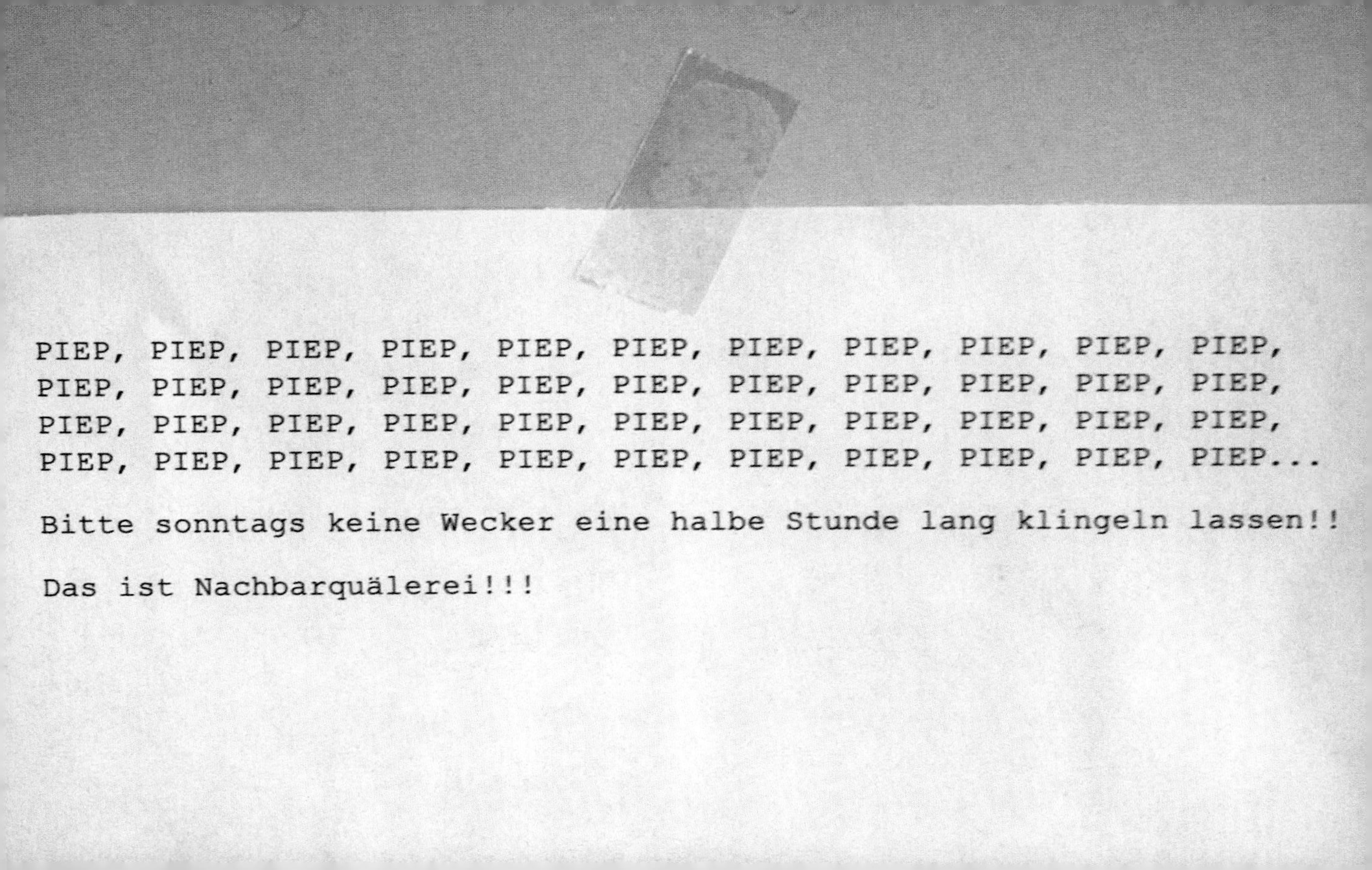
PIEP, PIEP, PIEP, PIEP, PIEP, PIEP, PIEP, PIEP, PIEP, PIEP, PIEP,
PIEP, PIEP, PIEP, PIEP, PIEP, PIEP, PIEP, PIEP, PIEP, PIEP, PIEP,
PIEP, PIEP, PIEP, PIEP, PIEP, PIEP, PIEP, PIEP, PIEP, PIEP, PIEP,
PIEP, PIEP, PIEP, PIEP, PIEP, PIEP, PIEP, PIEP, PIEP, PIEP, PIEP...

Bitte sonntags keine Wecker eine halbe Stunde lang klingeln lassen!!

Das ist Nachbarquälerei!!!

Nächsten Samstag verkaufen
wir selbstgemachten Saft im Hof.
Wir würden uns freuen, wenn
Sie alle vorbei kommen ☺
BAH, BLEIBT DOCH DAHEIM!!!
Leonie und Katrin

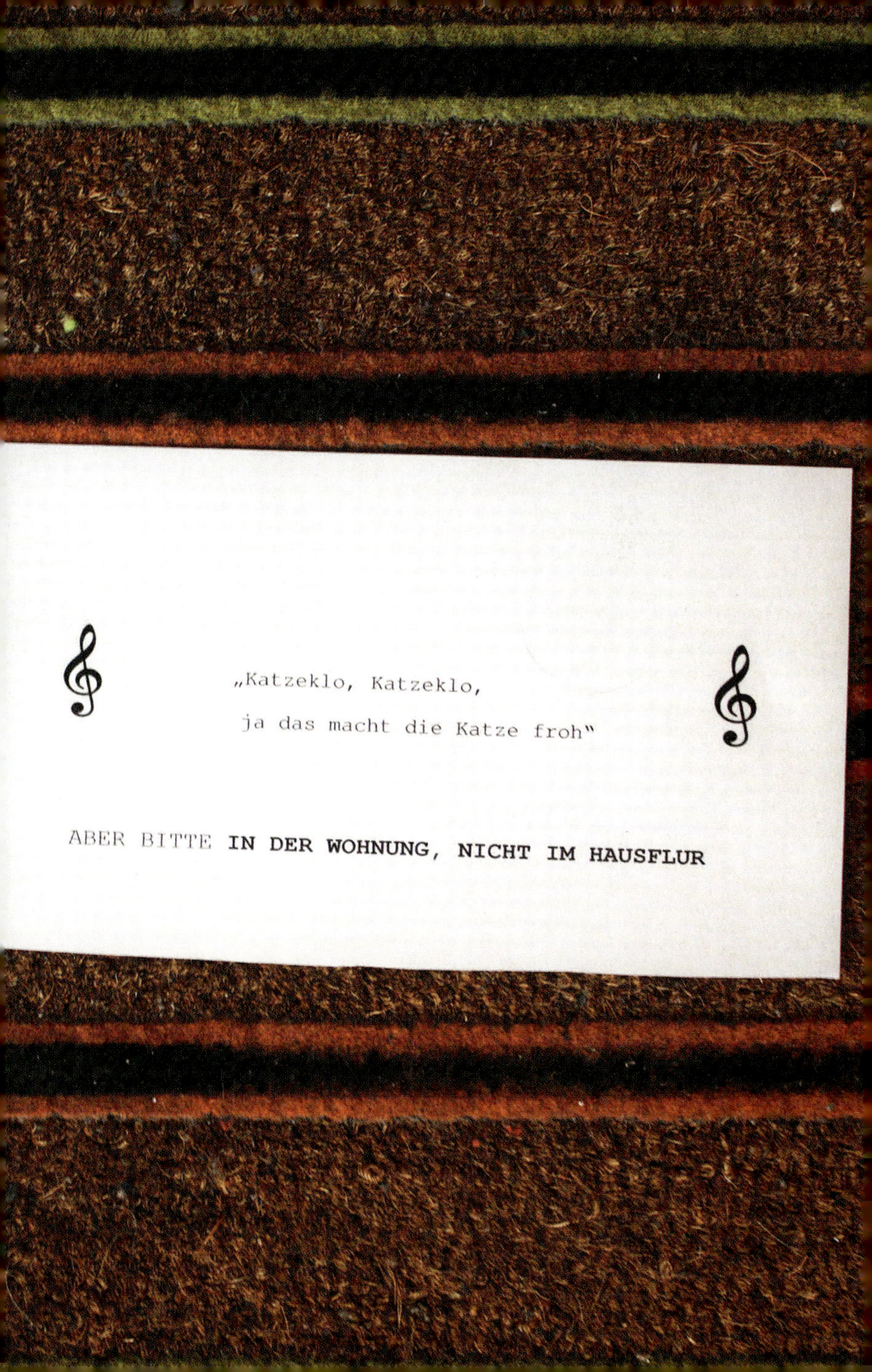
„Katzeklo, Katzeklo,
ja das macht die Katze froh"
ABER BITTE IN DER WOHNUNG, NICHT IM HAUSFLUR

Wenn Emilie ihren Kinderwagen
nochmal auf Janiks Bobbycar-
Parkplatz stellt, liegt da
demnächst Rosemaries Baby
drin. Das wird garantiert
keine schöne Überraschung!
BOBBY-CAR

HAMMER-AUTO zu verkaufen:

Ford Taunus

Erstzulassung: 1966

70 PS

TÜV bis Ende 2014

Höchstgeschwindigkeit: 145 Km/h

Schicke Felgen

Läuft wie 'n Büffel

Guckt's euch an, die Schleuder steht im Hof!

3.500,-- €uronen!

geiler[redacted]@gmx.de

Fahr dein Auto von meinem Anwohnerparkplatz!!! ...

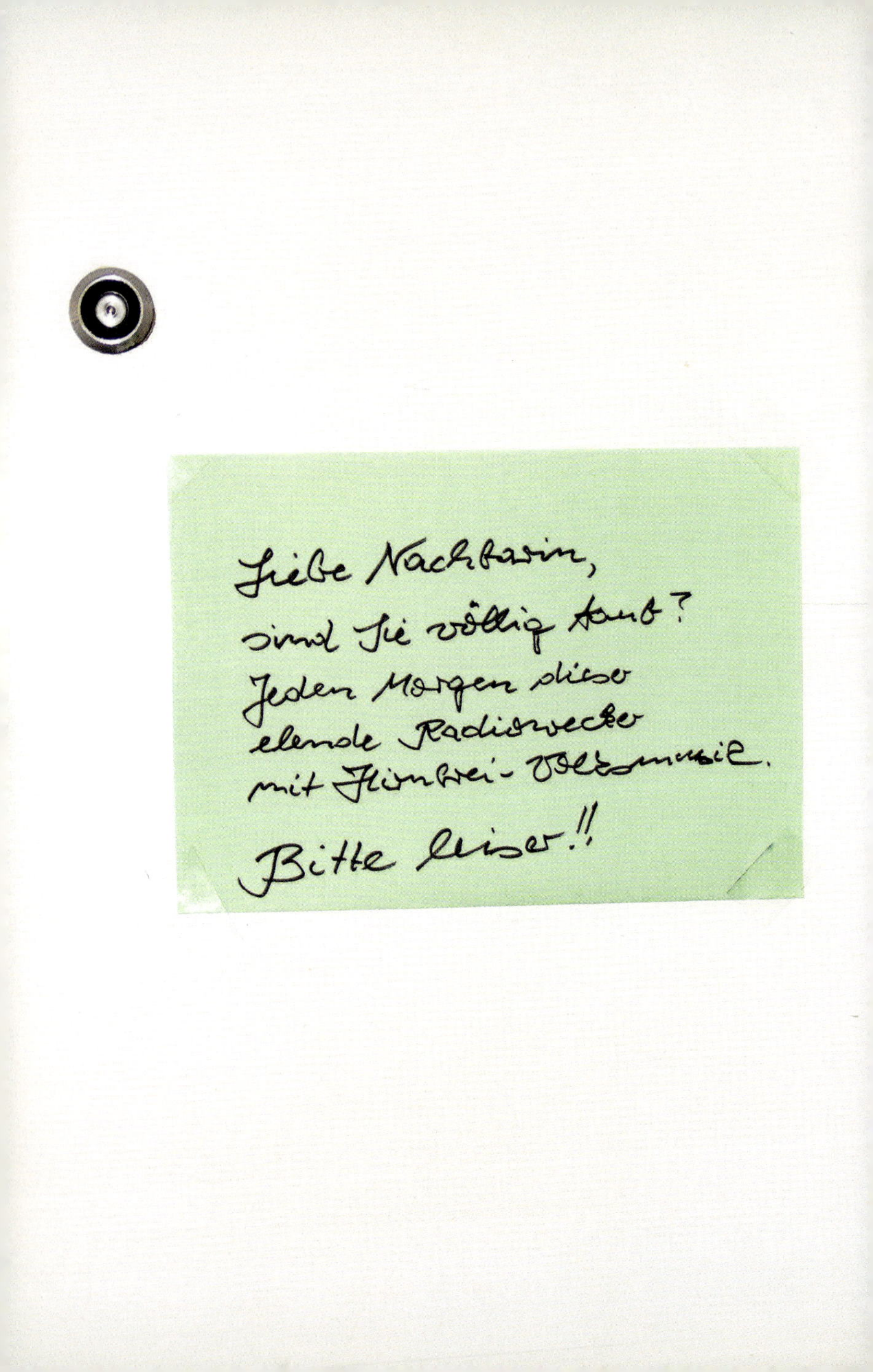
Liebe Nachbarin,
sind Sie völlig taub?
Jeden Morgen diese
elende Radiowecker
mit Hirnbrei-Volksmusik.
Bitte leiser!!

Bitte keine
Werbung, keine
Anzeigenblätter
Bitte keine
Werbung, keine
Anzeigenblätter
BITTE KEINE BIERFLASCHEN MEHR AUF UNSEREM BRIEFKASTEN ABSTELLEN
SONST QUÄLEN WIR EIN UNSCHULDIGES KÄTZCHEN

HALLO,
ICH HABE MEINEN RING
VERLOREN.
ER SIEHT UNGEFÄHR
SO AUS:
FÜR HINWEISE BIN
ICH DANKBAR!
GRÜßE,
ANNA EBERLE

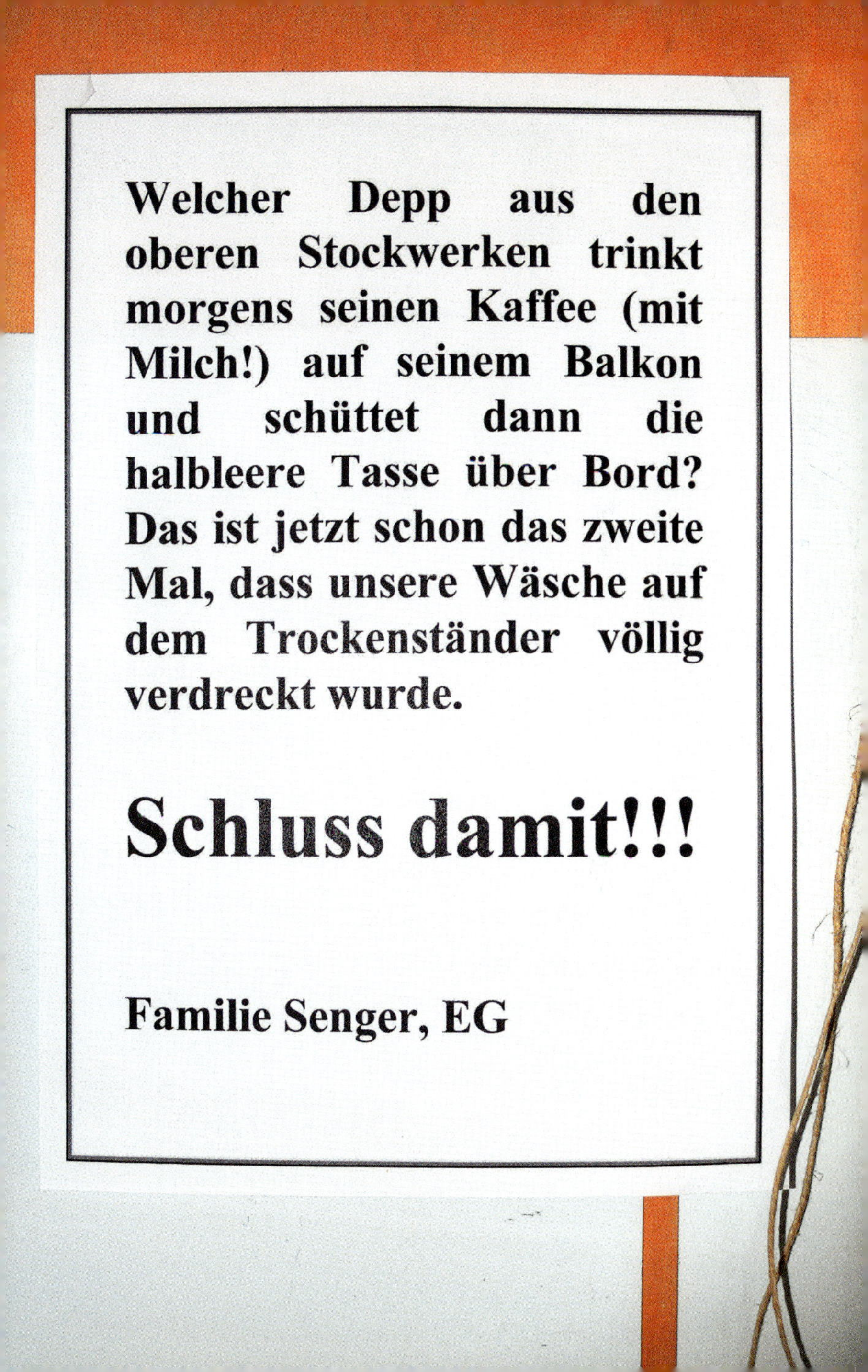

Welcher Depp aus den oberen Stockwerken trinkt morgens seinen Kaffee (mit Milch!) auf seinem Balkon und schüttet dann die halbleere Tasse über Bord? Das ist jetzt schon das zweite Mal, dass unsere Wäsche auf dem Trockenständer völlig verdreckt wurde.

Schluss damit!!!

Familie Senger, EG

Verfickter Zeitungsdieb,
wenn meine FAZ noch einmal fehlt, warte ich im Treppenhaus auf Dich mit nem Eimer Wasser und ner Tüte Mehl.
Du weißt nie, wann es passieren kann...
Lass die Scheiße!

WER
WAR
DAS?
SPEZIAL
BRAUHAUS
TEGERNSEE
Feigling

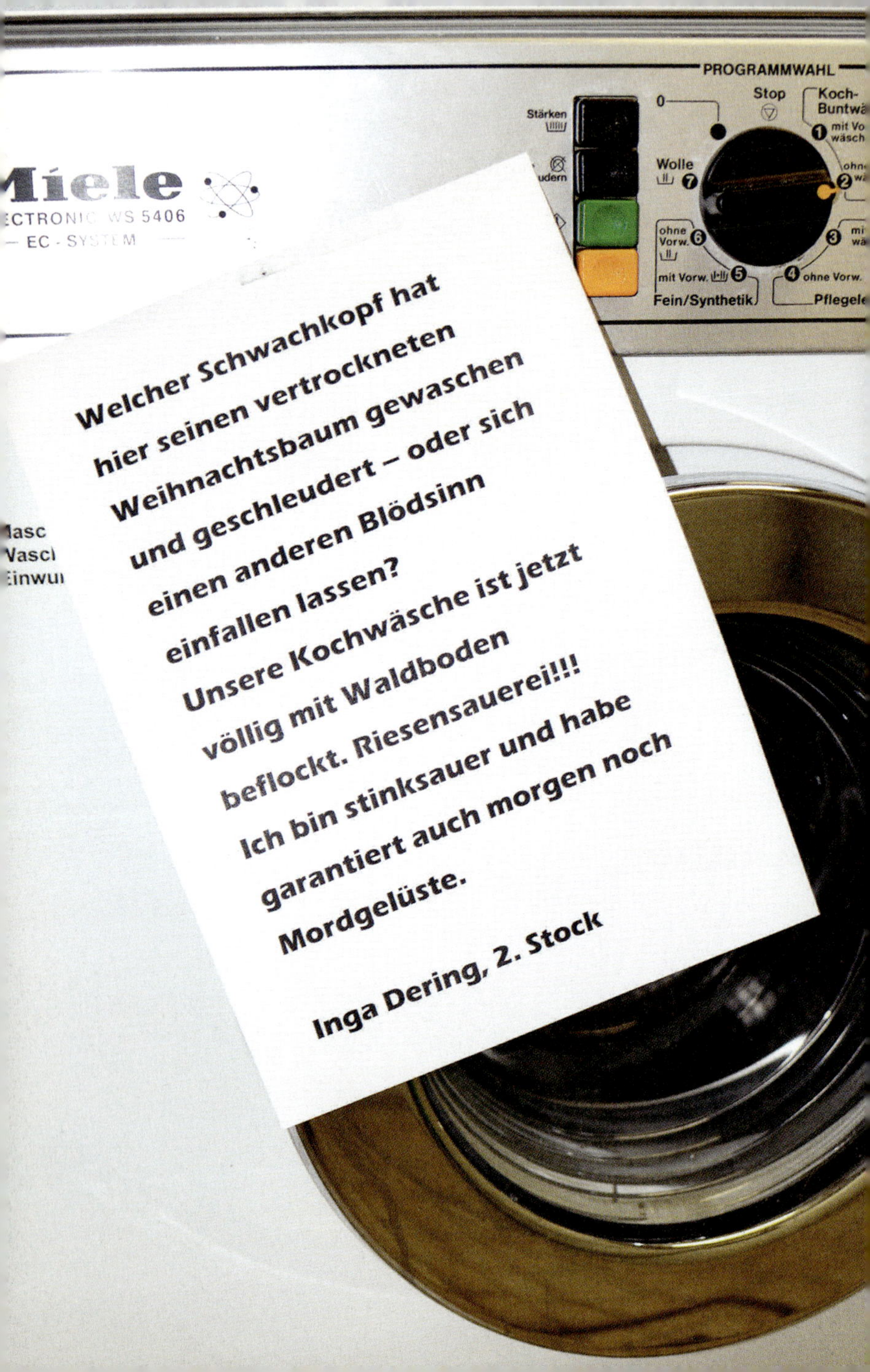
Welcher Schwachkopf hat
hier seinen vertrockneten
Weihnachtsbaum gewaschen
und geschleudert – oder sich
einen anderen Blödsinn
einfallen lassen?
Unsere Kochwäsche ist jetzt
völlig mit Waldboden
beflockt. Riesensauerei!!!
Ich bin stinksauer und habe
garantiert auch morgen noch
Mordgelüste.
Inga Dering, 2. Stock
PROGRAMMWAHL
Stop
Stärken
Wolle
ohne Vorw.
mit Vorw.
Fein/Synthetik
ohne Vorw.

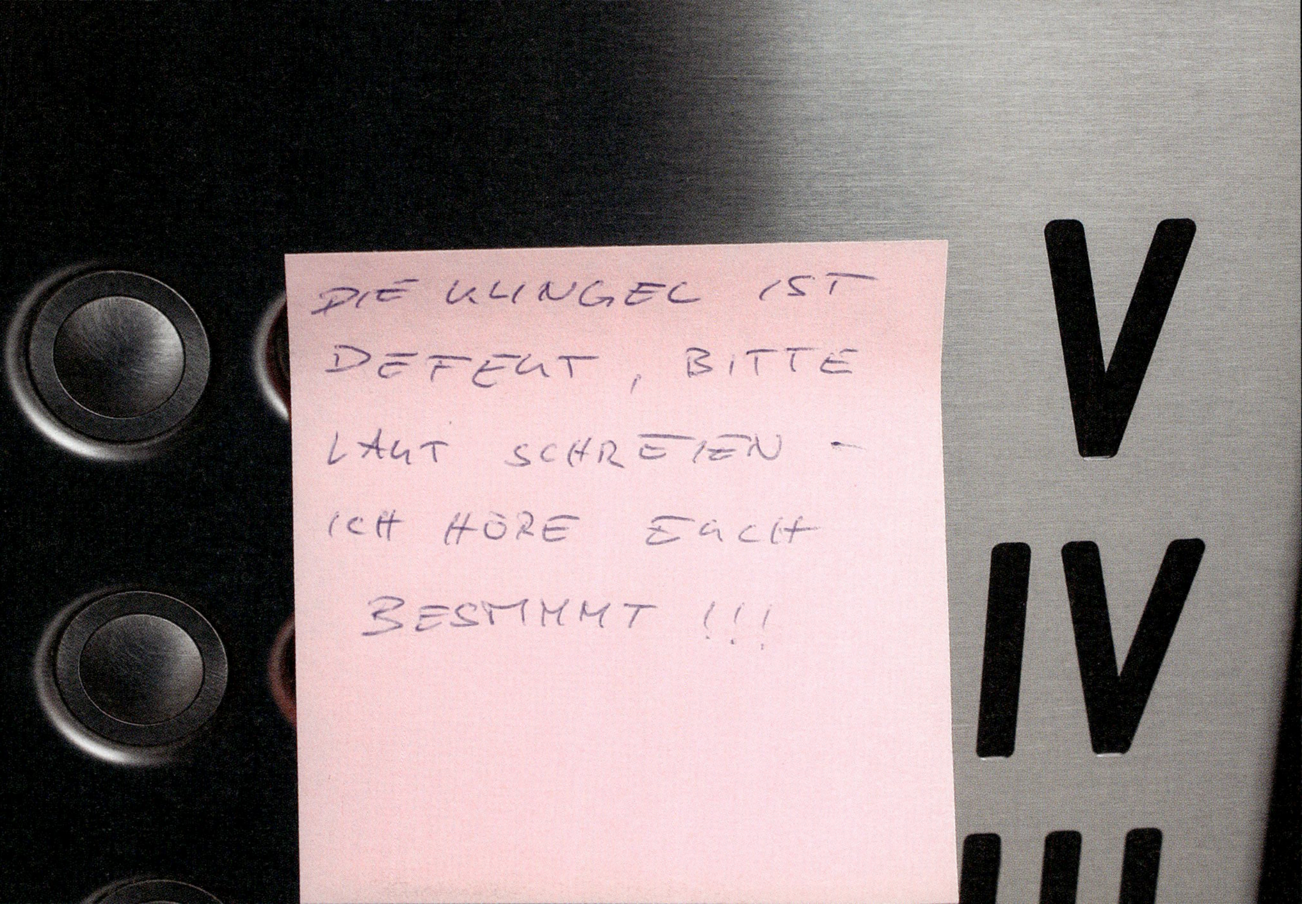
DIE KLINGEL IST
DEFEKT, BITTE
LAUT SCHREIEN –
ICH HÖRE EUCH
BESTIMMT !!!
V
IV

Liebe Anwohner,

wir alle hassen Werbung im Briefkasten. Ehrlich, ich auch. Aber verdammt noch mal, das ist kein Grund, den ganzen Papiermüll einfach unter den Postfächern liegen zu lassen und zu glauben, die Idioten, die das verteilen, sammeln es irgendwann auch wieder ein. Die blaue Tonne ist Euer Freund!

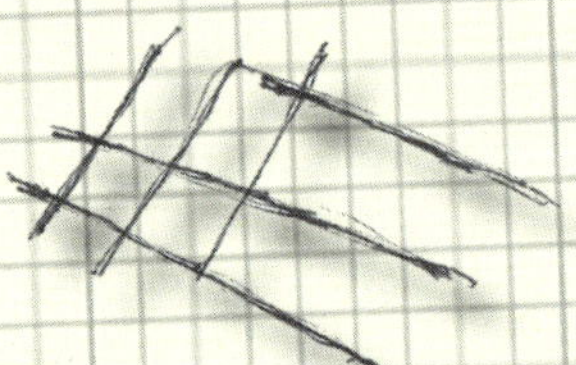

An die Alkoholleichen von oben!
Lasst Euern Schmonz nicht im Treppenhaus stehen!
Sonst bau ich mit den Flaschen demnächst mal 'ne Pyramide vor Eurer Wohnungstür!

Hinweis

Unsere Klingel wurde am 1. Dezember zerstört, bitte über Handy melden.

Nachtrag: Heute ist der 30. Januar – Fack ju, Hausverwaltung!

AN DEN MIESEN VOLLARSCH,
DER SCHON WIEDER MEINE REIFEN
ZERSTOCHEN HAT:
WENN DICH MEIN FAHRRAD STÖRT,
DANN SCHREIB 'NEN ZETTEL.

WENN ICH DICH ERWISCHE,
GIBT'S GULASCH ZU MITTAG!

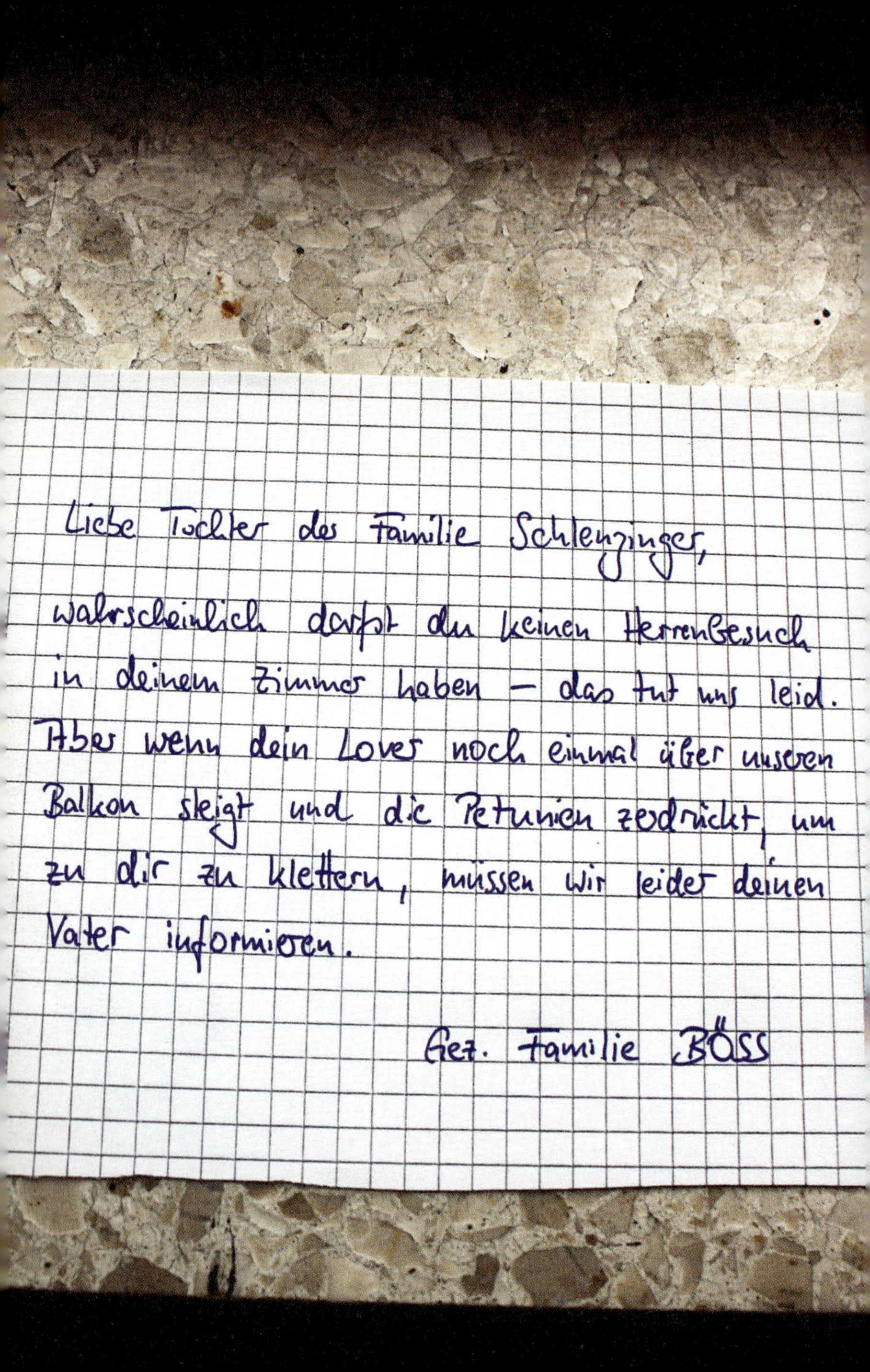

Liebe Tochter der Familie Schlenzinger,

wahrscheinlich darfst du keinen Herrenbesuch in deinem Zimmer haben – das tut uns leid. Aber wenn dein Lover noch einmal über unseren Balkon steigt und die Petunien zerdrückt, um zu dir zu klettern, müssen wir leider deinen Vater informieren.

Gez. Familie BÖSS

Valentinstag – das Fest der Liebe
Wir feiern es mit unseren liebsten Freunden,
kommt und feiert mit, ansonsten jetzt schon frohe Weihnac
Wenn's zu laut werden sollte, klingelt bitte durch.
eure WG d'amour
im 4. Stock rechts

Bitte Türe
IMMER
schließen! Danke
Bitte!!

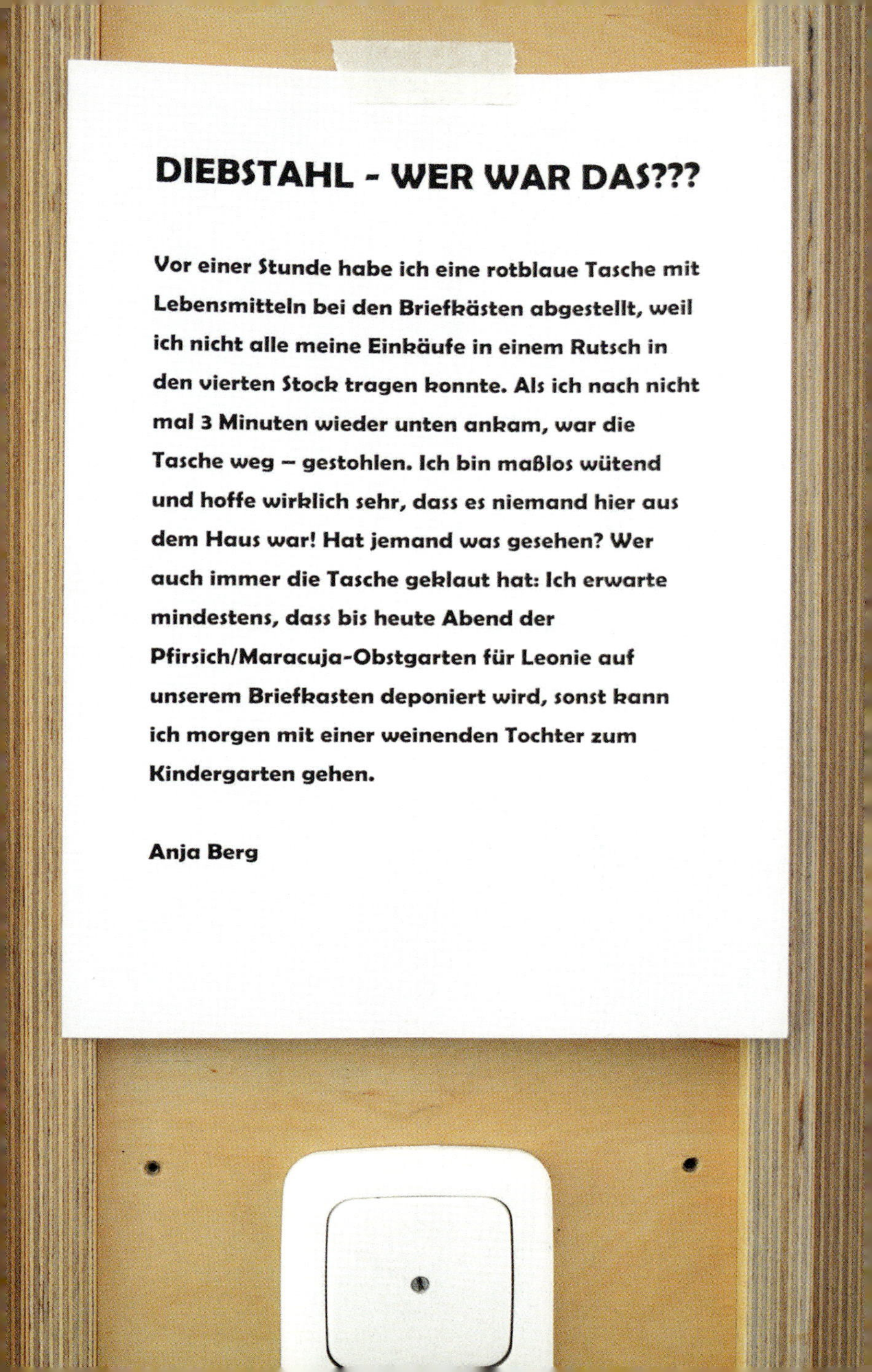
DIEBSTAHL - WER WAR DAS???
Vor einer Stunde habe ich eine rotblaue Tasche mit Lebensmitteln bei den Briefkästen abgestellt, weil ich nicht alle meine Einkäufe in einem Rutsch in den vierten Stock tragen konnte. Als ich nach nicht mal 3 Minuten wieder unten ankam, war die Tasche weg – gestohlen. Ich bin maßlos wütend und hoffe wirklich sehr, dass es niemand hier aus dem Haus war! Hat jemand was gesehen? Wer auch immer die Tasche geklaut hat: Ich erwarte mindestens, dass bis heute Abend der Pfirsich/Maracuja-Obstgarten für Leonie auf unserem Briefkasten deponiert wird, sonst kann ich morgen mit einer weinenden Tochter zum Kindergarten gehen.
Anja Berg

1.1
Hier riechts modrig!
Leiche im Keller???

Wetten, dass..
…diese Münchner heute TV-Stars werden?
Seite 23
Wetten dass ...
hier ein
„Wettkönig" wohnt

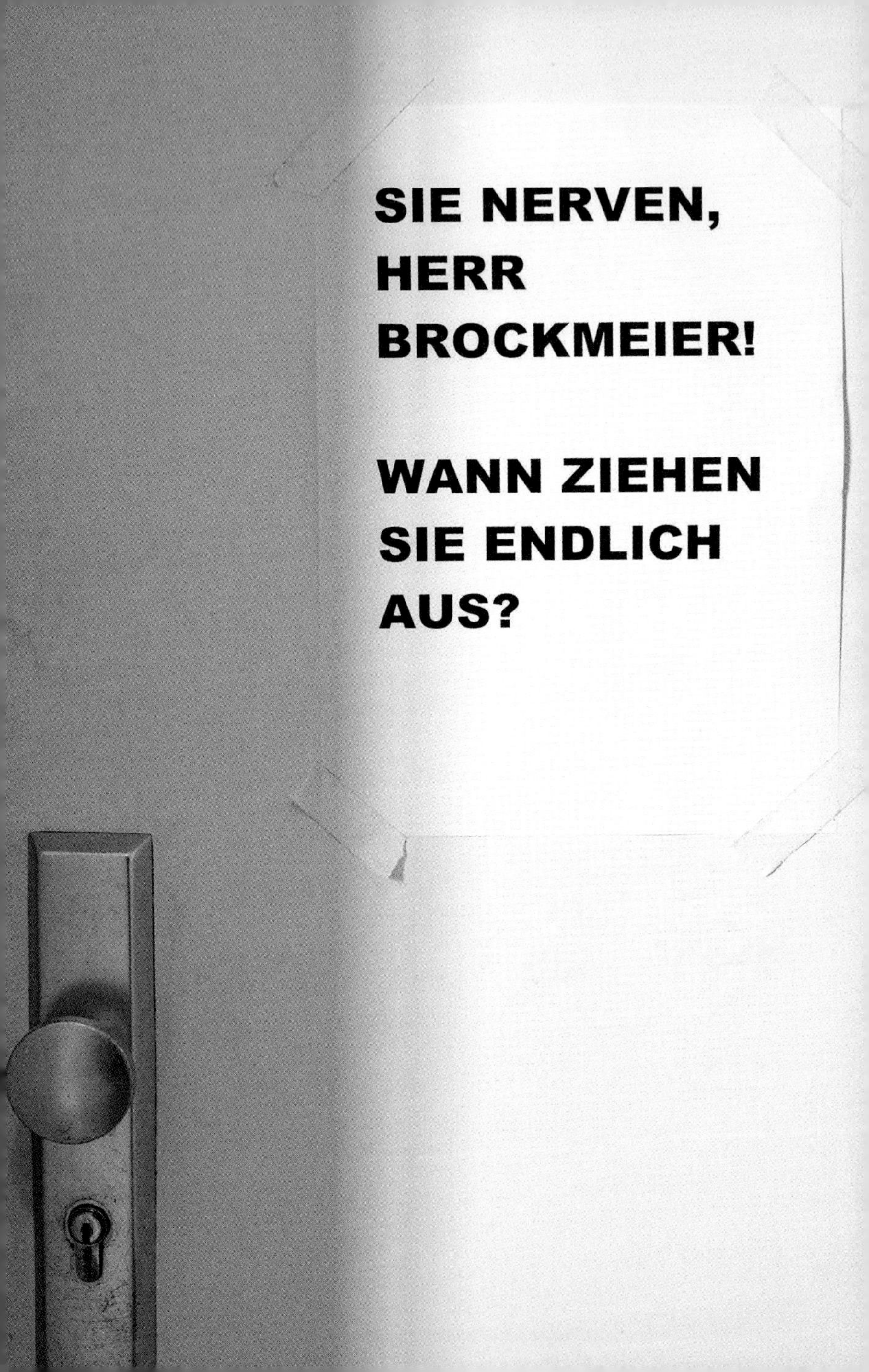
SIE NERVEN,
HERR
BROCKMEIER!
WANN ZIEHEN
SIE ENDLICH
AUS?

ACHTUNG AUF DER
TREPPE: 3. STUFE,
DIELE IST LOSE.
MITTIG DRAUFTRETEN!
MITTIG
DRAUFTRETEN!

Hey, liebe Frau Nachbarin aus dem 5. Stock!
Geht's auch leiser die Treppen runter???
Jeden Morgen dieses höllische Geklacker.
Klingt wie ein Turnierpferd und nervt total !!!
Bitte nehmen Sie doch Rücksicht auf alle, die nicht schon um 6:00 zur Arbeit müssen.

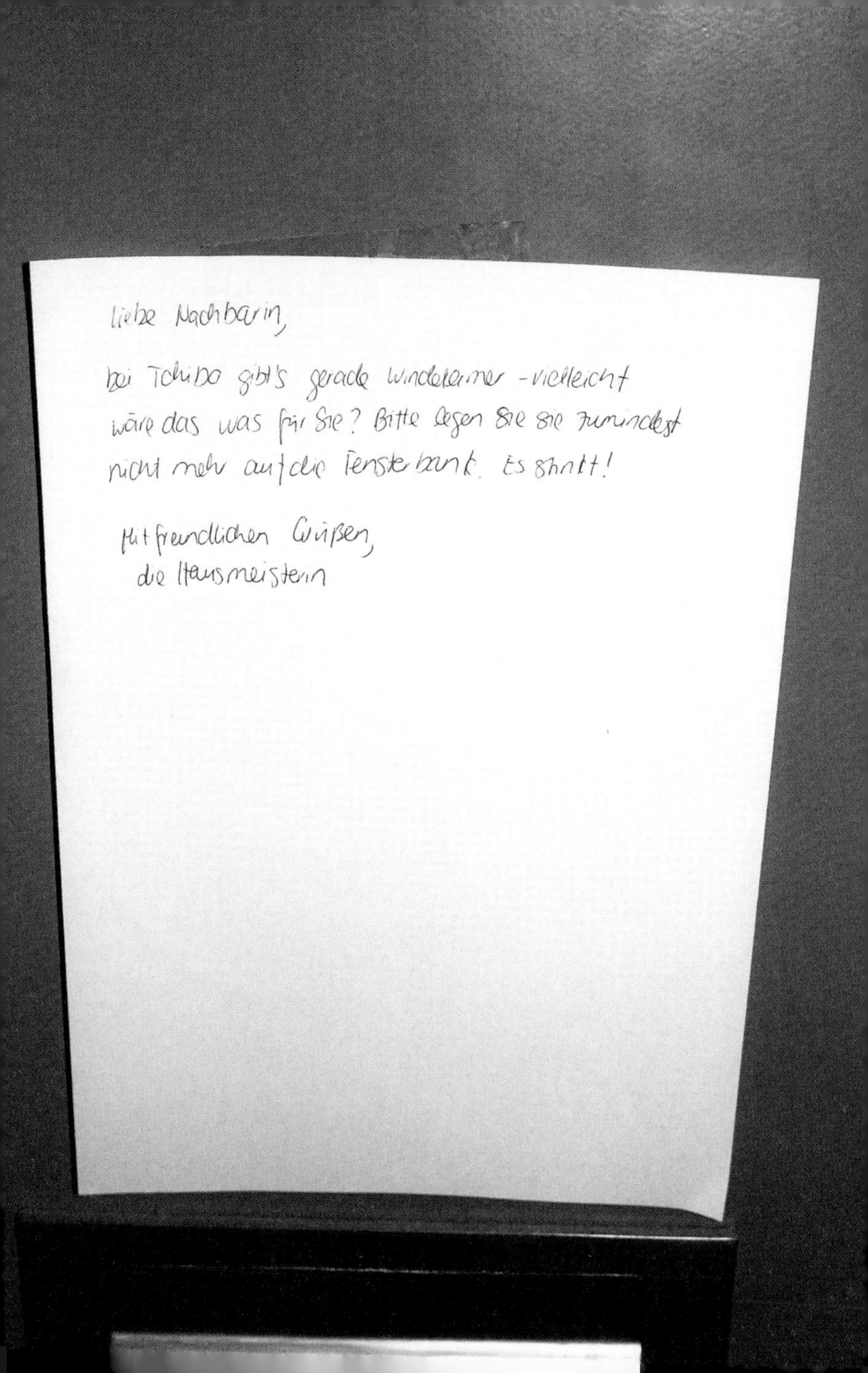
Liebe Nachbarin,
bei Tchibo gibt's gerade Windeleimer – vielleicht
wäre das was für Sie? Bitte legen Sie sie zumindest
nicht mehr auf die Fensterbank. Es stinkt!
Mit freundlichen Grüßen,
die Hausmeisterin

KATER JOSCHKA HAT ECHT
SCHWEIN GEHABT!
Denn er hatte sich in der Waschmaschine versteckt.
Wenn ich vor dem Schließen der Klappe sein Gemaunze
nicht gehört hätte, wäre er jetzt vermutlich weiß und
könnte gebügelt und gefaltet werden.
Deshalb, liebe Nachbarn, immer die Tür zum
Waschraum schließen!
Irmgard Schwämmerle, 2. Stock
WAHL
Koch- und Buntwäsche
1 mit Vorwäsche
2 ohne Vorwäsche
3 mit Vorwäsche
ohne Vorw.
Pflegeleicht
85
80

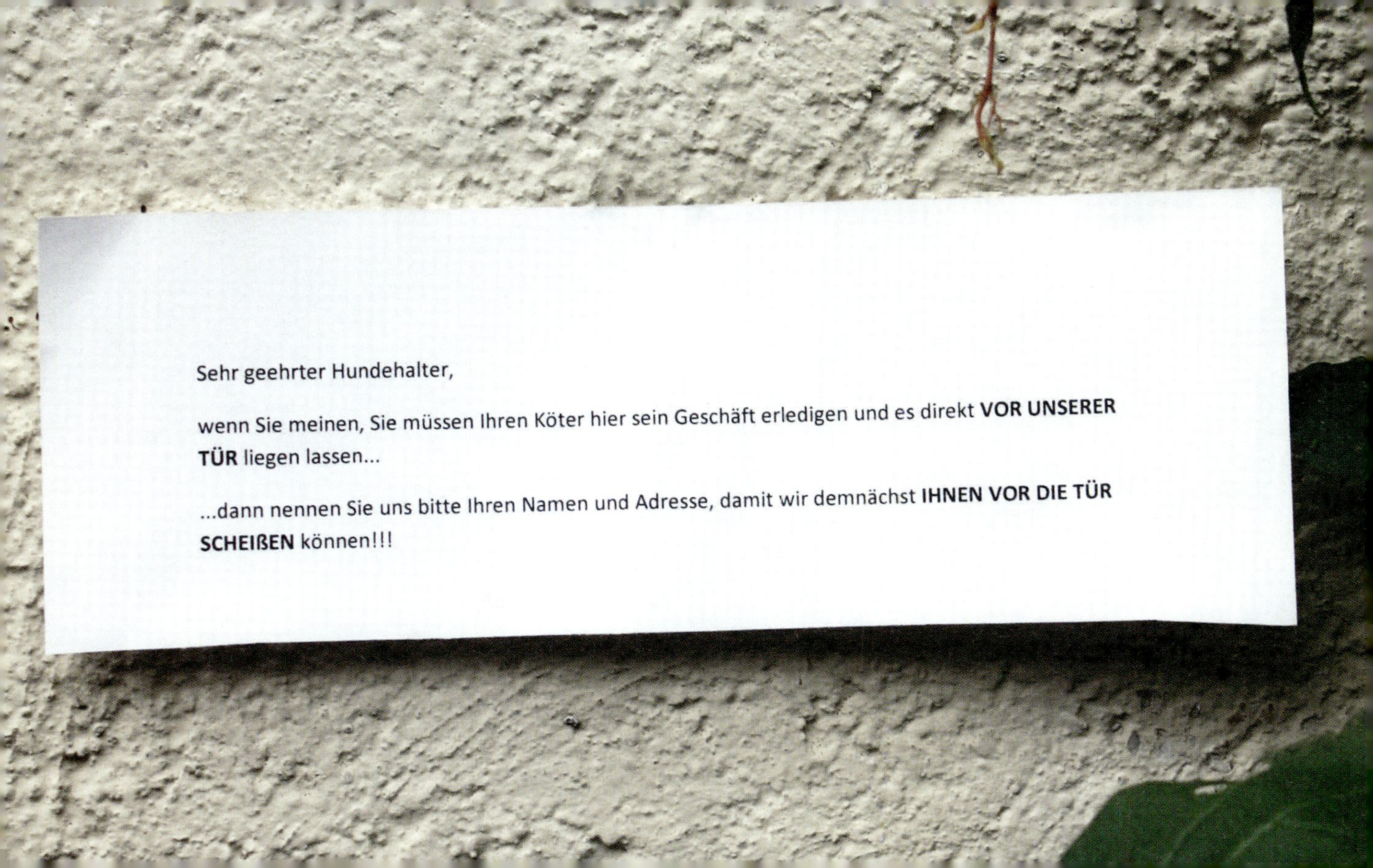
Sehr geehrter Hundehalter,
wenn Sie meinen, Sie müssen Ihren Köter hier sein Geschäft erledigen und es direkt VOR UNSERER TÜR liegen lassen...
...dann nennen Sie uns bitte Ihren Namen und Adresse, damit wir demnächst IHNEN VOR DIE TÜR SCHEIßEN können!!!

Ich finde es ja toll,
dass Sie gestern Abend einen
schönen Abend verbracht haben
– ABER BEIM NÄCHSTEN
MAL BITTE DEN GRILL
NICHT DIREKT UNTER MEIN
SCHLAFZIMMER STELLEN !!!
De Nachbar aus dem 2. Stock

FRISCH
GESCHIWT
Ihr meint
"Gewischt",
oder??

HM-BÜRO
Hallo Hausverwaltung!
Frühjahrputz ist ja ok, aber alle Büsche auf Bonsai-Höhe runterschnibbeln sieht wirklich ätzend aus.
Autobahn-Look
Fehlt wirklich nur noch eine Leitplanke quer durch den Innenhof!
Genau, sieht schlimm aus!

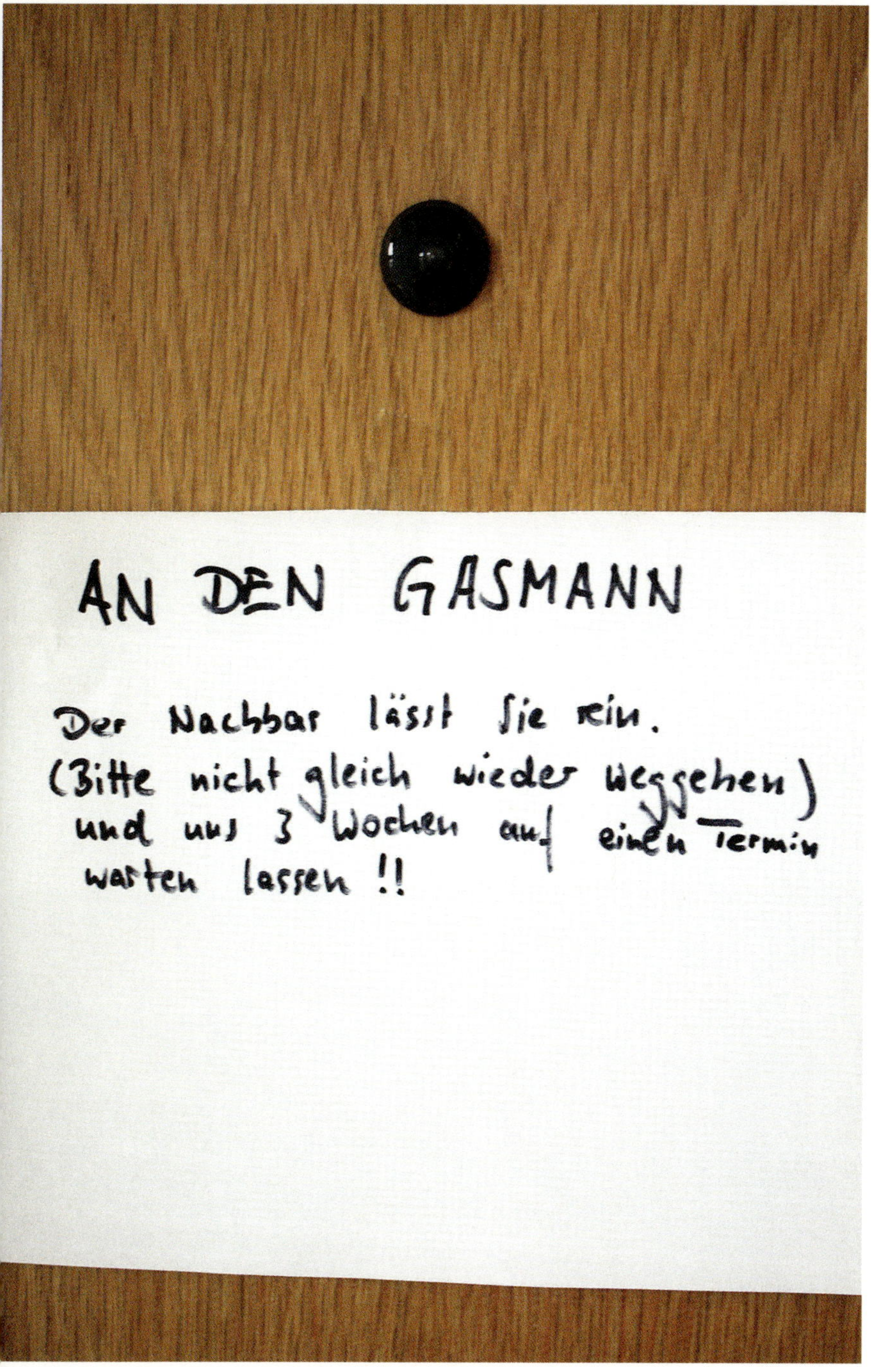
AN DEN GASMANN
Der Nachbar lässt Sie rein.
(Bitte nicht gleich wieder weggehen)
und uns 3 Wochen auf einen Termin
warten lassen !!

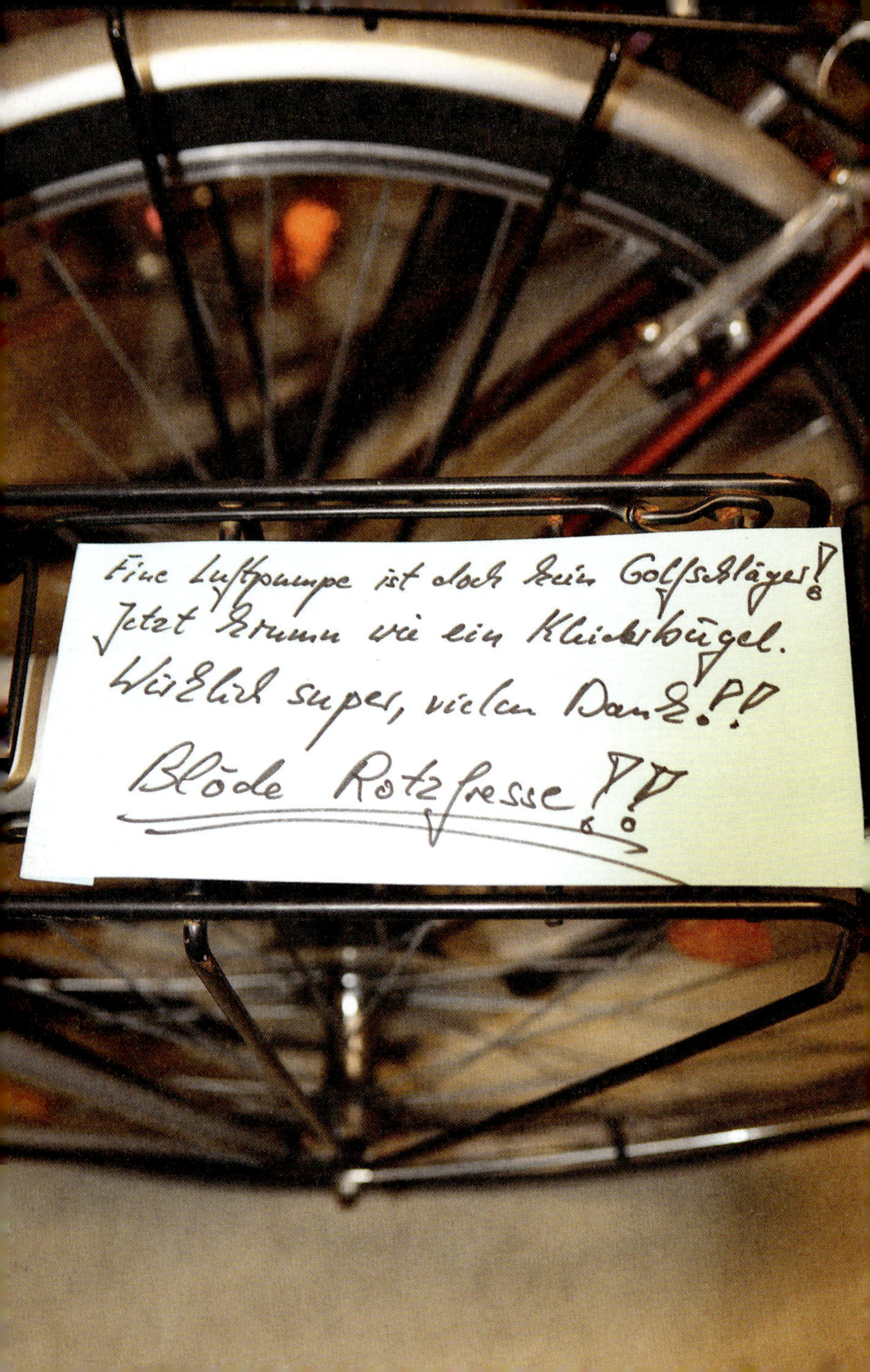
Eine Luftpumpe ist doch kein Golfschläger!
Jetzt krumm wie ein Kleiderbügel.
Wirklich super, vielen Dank!!
Blöde Rotzfresse!!

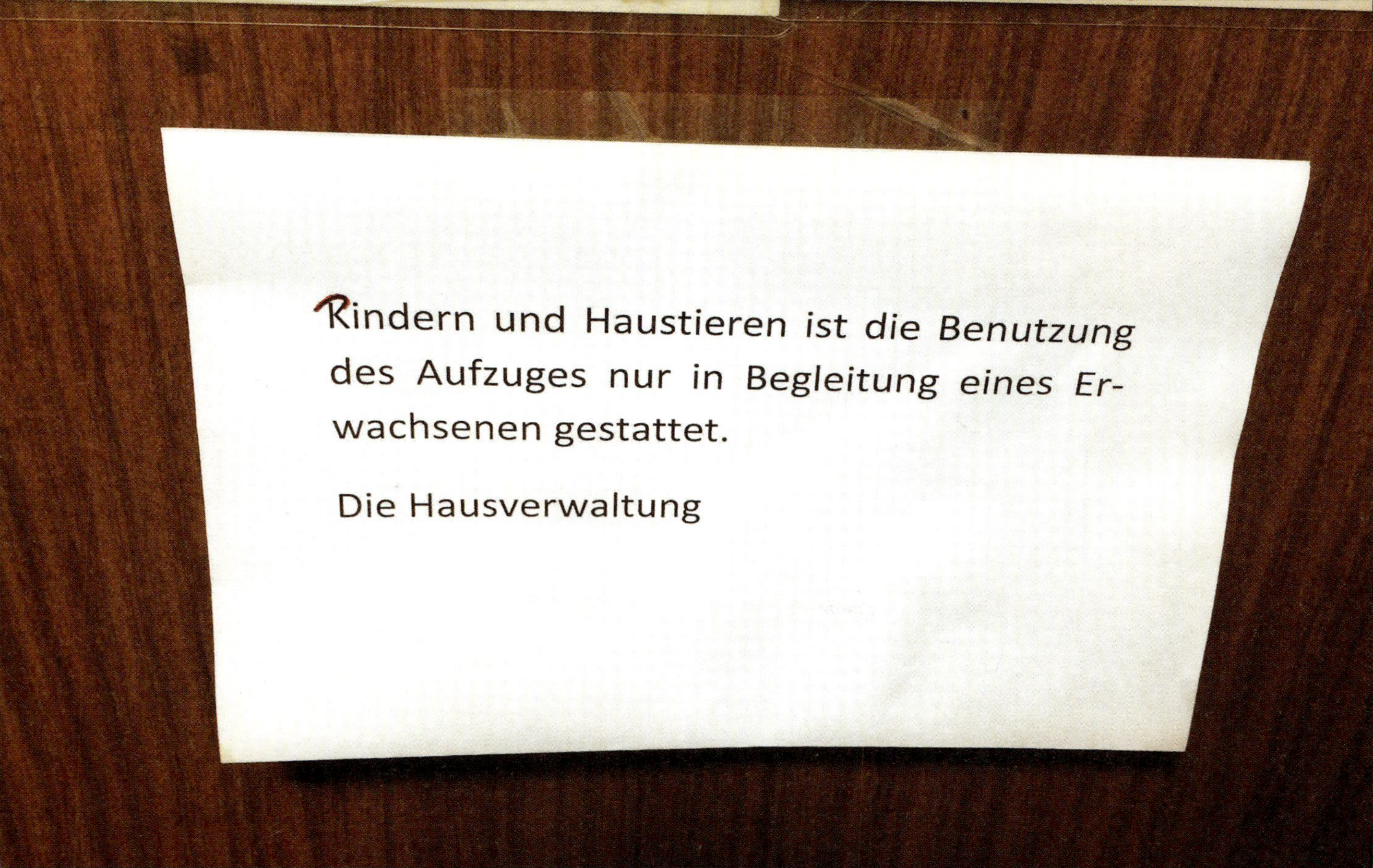
Rindern und Haustieren ist die Benutzung des Aufzuges nur in Begleitung eines Erwachsenen gestattet.
Die Hausverwaltung

NICHT MEHR
NACH 22:00
FA-BI

Liebe Altglas-Freunde,
ich mag Altglas ja auch! Ehrlich! Wie es schillert in seinen vielen Farben! Und die schönen Geschichten, die jede leere Flasche Wein erzählt! Mein Tipp: Stellt es doch in **Eure** Wohnung, aber nicht mehr hier draußen neben die Haustür. Danke!
Gez. Krone
HELL
CHATEAU
LACLAPE

Sehr geehrte Mieter,

Wir bitten Sie, das ~~Füttern von~~ Vögeln im Innenhof zu unterlassen. Die entstandene Verunreinigung ~~durch Taubenkot~~ hat viele Nachbarn erzürnt.

Herzlichen Dank!

Die Hausverwaltung

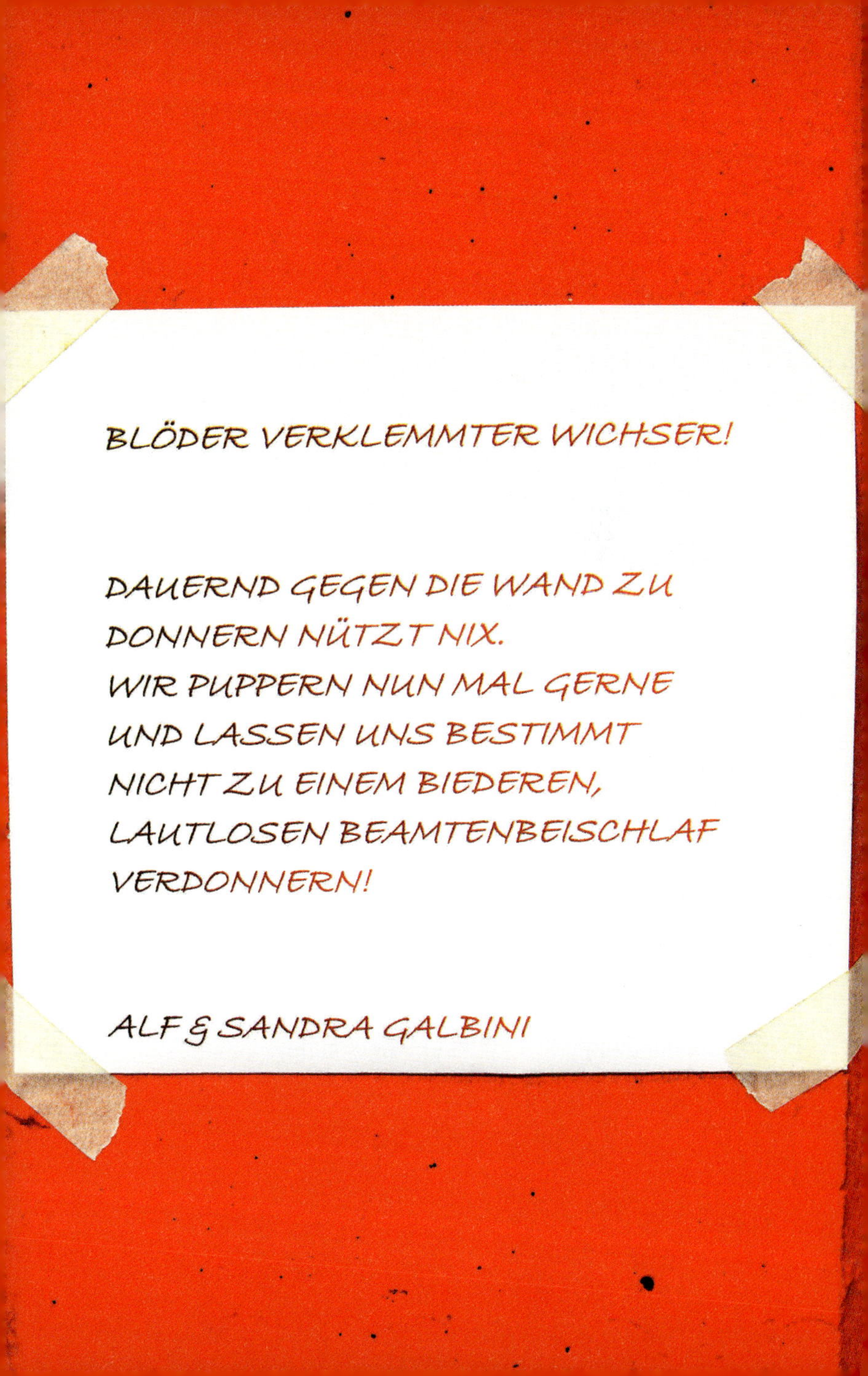
BLÖDER VERKLEMMTER WICHSER!
DAUERND GEGEN DIE WAND ZU
DONNERN NÜTZT NIX.
WIR PUPPERN NUN MAL GERNE
UND LASSEN UNS BESTIMMT
NICHT ZU EINEM BIEDEREN,
LAUTLOSEN BEAMTENBEISCHLAF
VERDONNERN!
ALF & SANDRA GALBINI

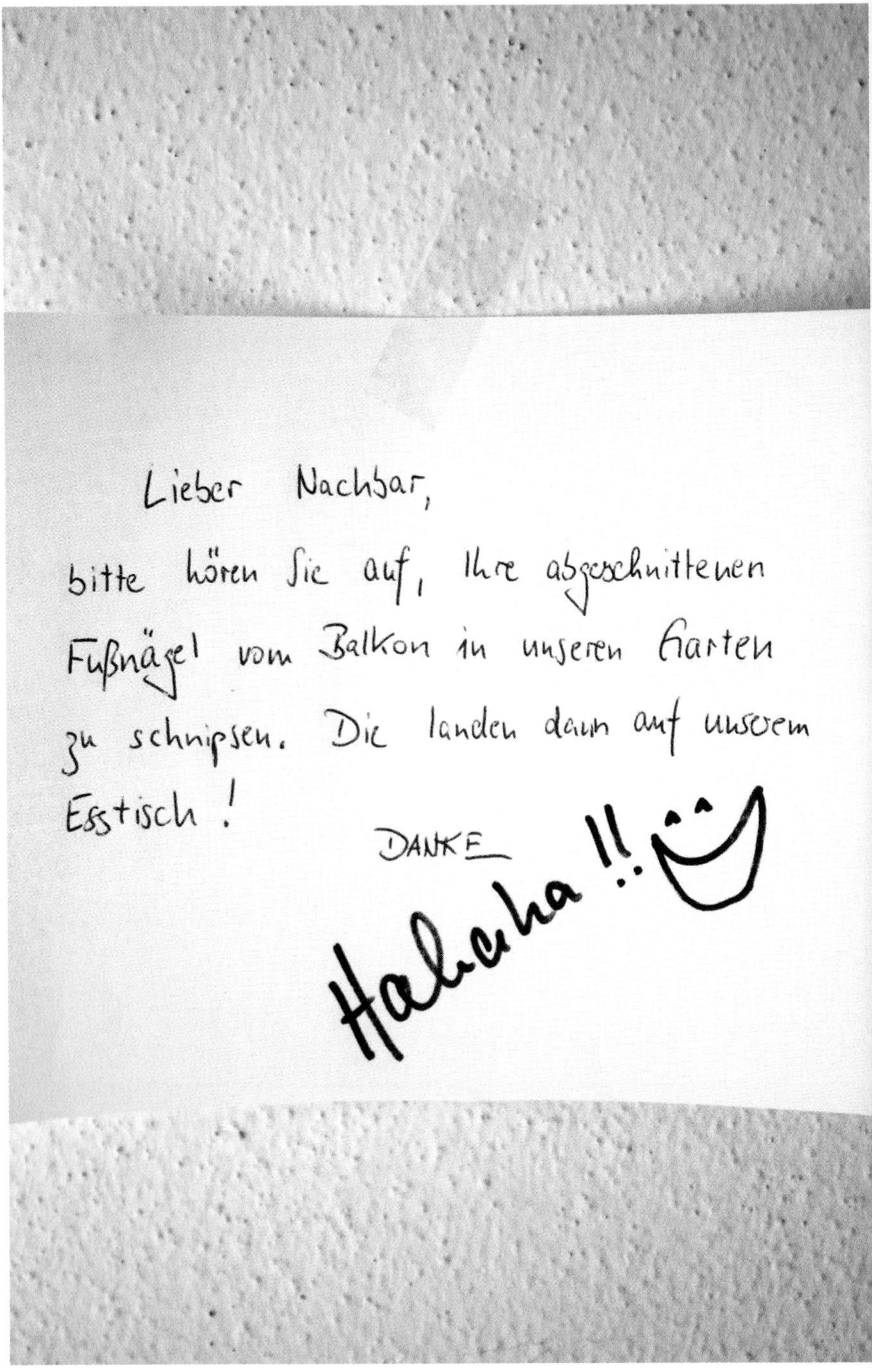
Lieber Nachbar,
bitte hören Sie auf, Ihre abgeschnittenen Fußnägel vom Balkon in unseren Garten zu schnipsen. Die landen dann auf unserem Esstisch!
DANKE
Hahaha!!

Wirklich sehr witzig!
Wer auch immer gestern einen Beutel mit Hundescheisse in unseren Briefkasten gestopft hat, sollte sehr auf sich aufpassen. Wenn wir herausfinden, wer das war, wird es nichts mehr zu lachen geben – garantiert!

Bitte nicht gegen die Haustür pissen!

PS: Hier wohnen keine CDU-Wähler, Unternehmer, Yuppies, Politiker oder Polizisten!

In diesem Treppenhaus ist seit letztem Montag irgendwo eine versteckte Kamera angebracht.

Finger weg von meiner Zeitung, Du Arschgeige!

Hallo Nachbarn!

Bitte den Hund nicht mehr im
Treppenhaus anleinen!
Das Gejaule kann ja keiner ertragen.

GETIGERTER KATER VERMISST

Lässt sich leicht anlocken und hochheben.
Reagiert auf FRESSI FRESSI,
LECKER LECKER.
Der Kater ist ein Jahr alt, sehr
neugierig, umtriebig und verspielt.

Für den Finder gibt's ein
Gratis-Abendessen!

0171-45831558XX

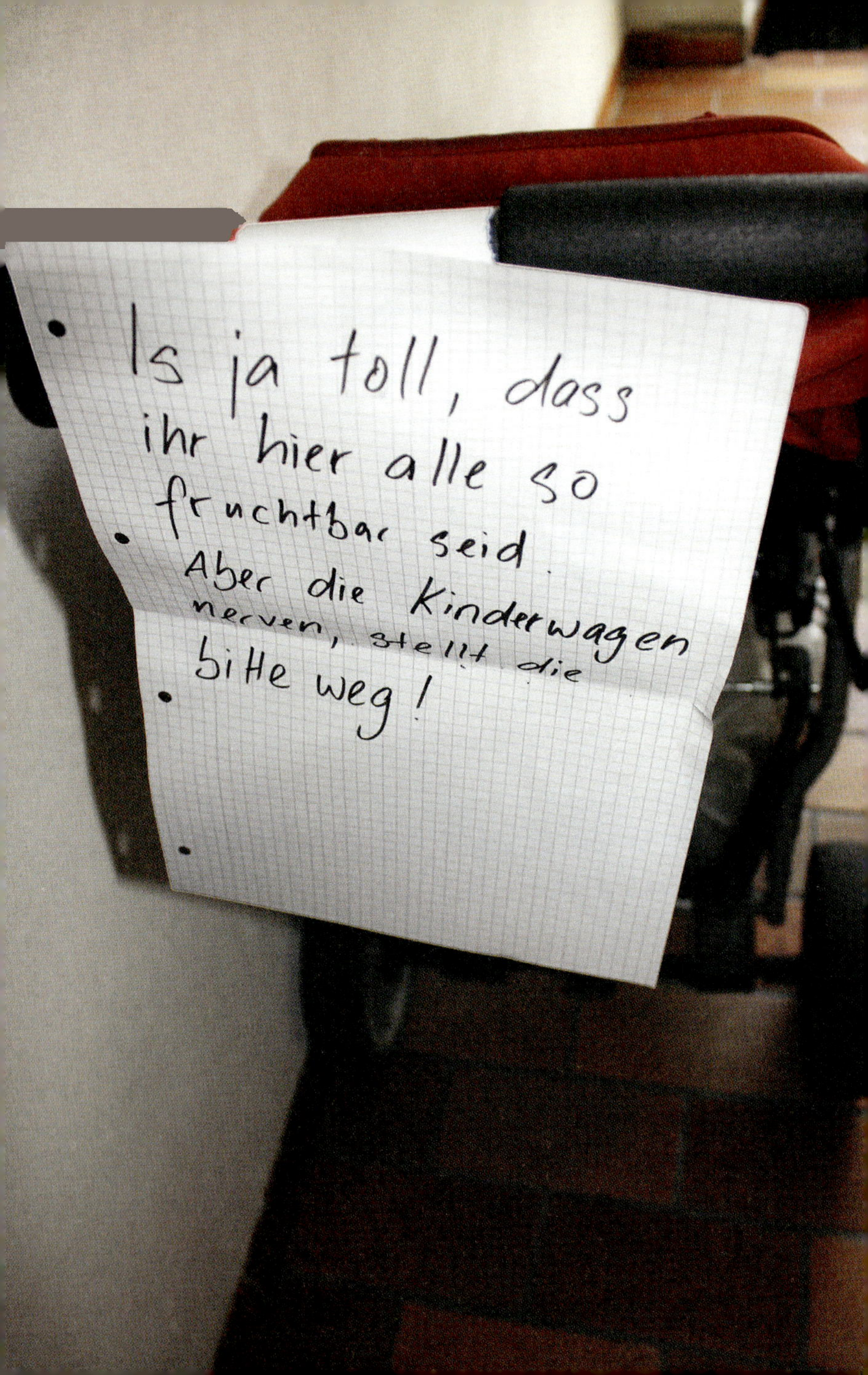
Is ja toll, dass
ihr hier alle so
fruchtbar seid.
Aber die Kinderwagen
nerven, stellt die
bitte weg!

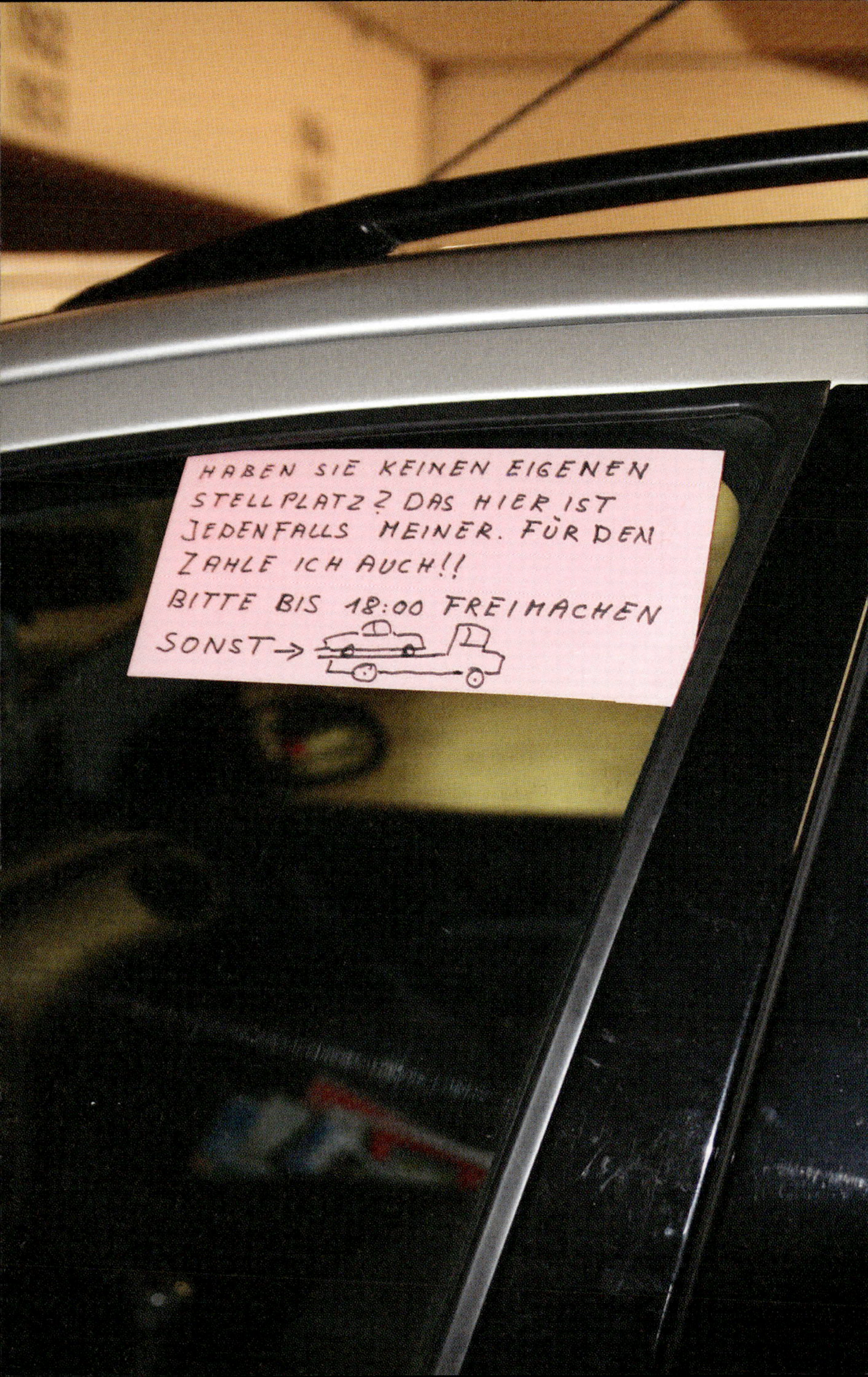
HABEN SIE KEINEN EIGENEN
STELLPLATZ? DAS HIER IST
JEDENFALLS MEINER. FÜR DEN
ZAHLE ICH AUCH!!
BITTE BIS 18:00 FREIMACHEN
SONST →

Liebe Sandra,
DANKE für die schöne Nacht – es war atemberaubend und das ganze Haus soll es wissen!
DEIN ERIC
Wir haben es auch alle gehört!!
Glückwunsch!
Ja!!

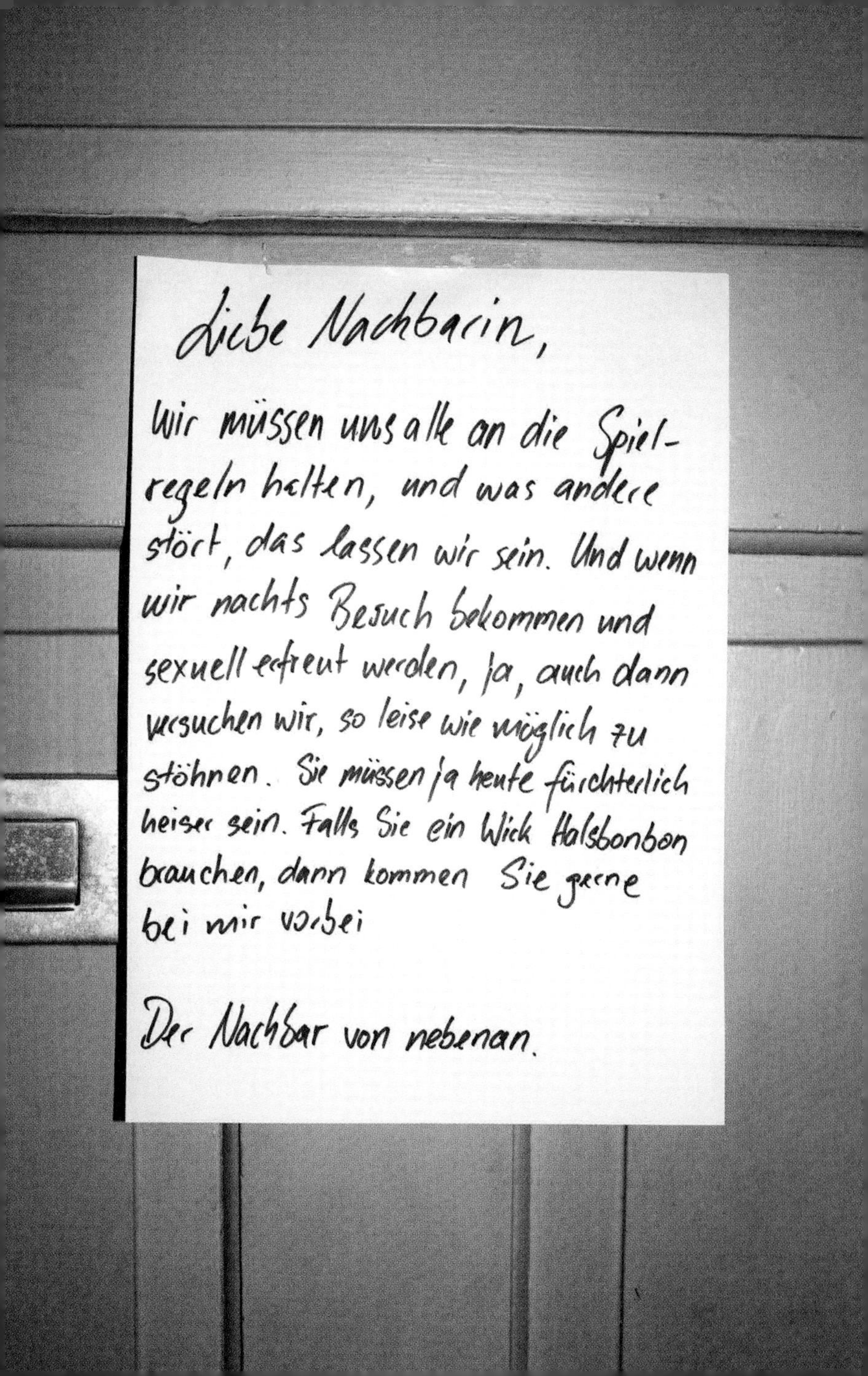

Liebe Nachbarin,
Wir müssen uns alle an die Spiel-regeln halten, und was andere stört, das lassen wir sein. Und wenn wir nachts Besuch bekommen und sexuell erfreut werden, ja, auch dann versuchen wir, so leise wie möglich zu stöhnen. Sie müssen ja heute fürchterlich heiser sein. Falls Sie ein Wick Halsbonbon brauchen, dann kommen Sie gerne bei mir vorbei
Der Nachbar von nebenan.

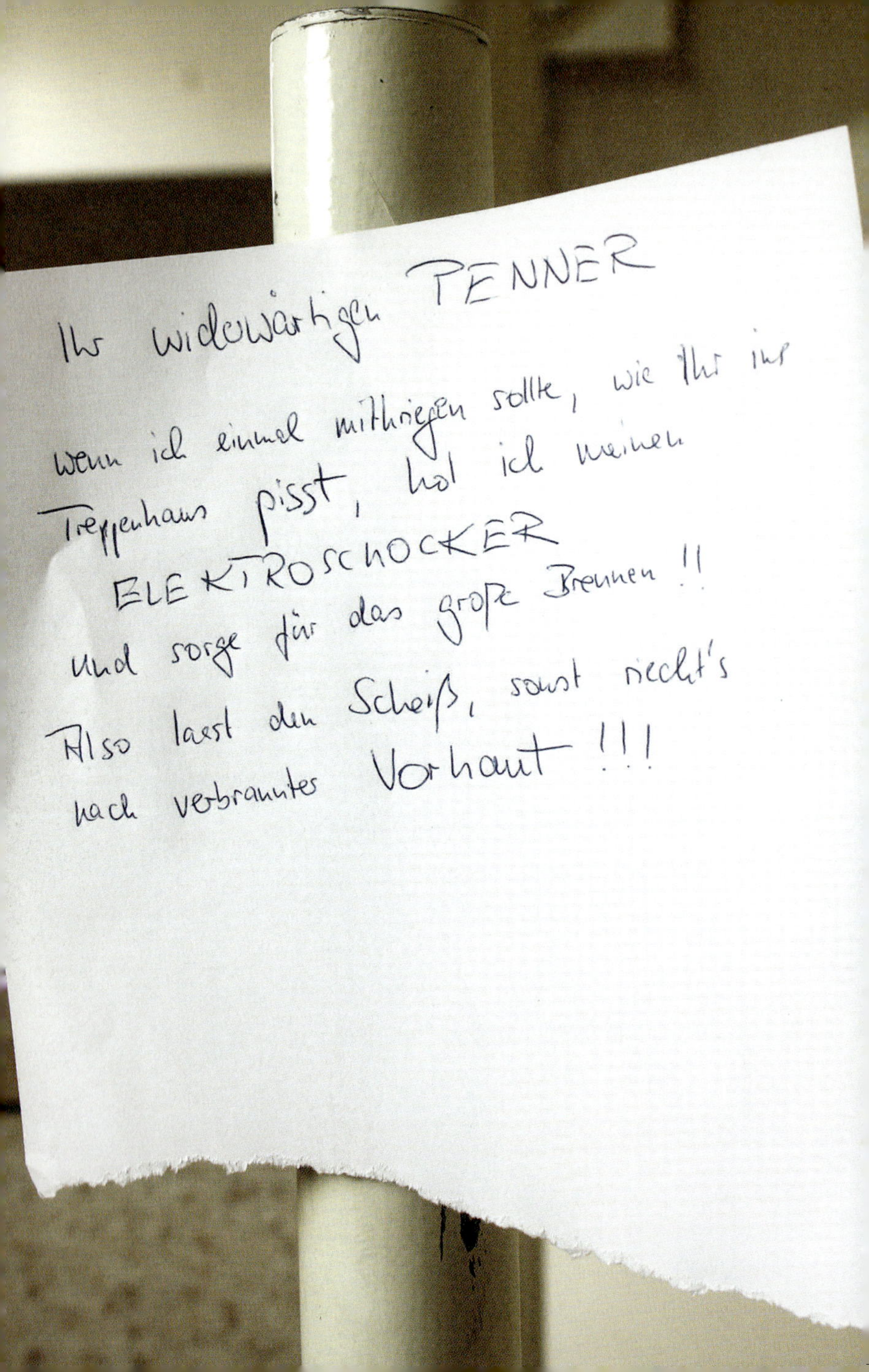
Ihr widerwärtigen PENNER
wenn ich einmal mitkriegen sollte, wie Ihr ins
Treppenhaus pisst, hol ich meinen
ELEKTROSCHOCKER
und sorge für das große Brennen !!
Also lasst den Scheiß, sonst riecht's
nach verbranntes Vorhaut !!!

WEIRETHER
REBILLAUD
LÖSCHER
STEHR / KOHL
KREIDL/GENK
HEUWINKEL
LARISSA/MAURUS
BEIM NÄCHSTEN KLINGELSTREICH KOMMT GODZILLA UND BEISST EUCH DIE FINGER AB!

Liebe Leute,

wir haben uns für den Hofflohmarkt am kommenden Samstag angemeldet! Klingelt doch bei uns, wenn ihr euch beteiligen möchtet.

Die Müller-Schmidtbauers

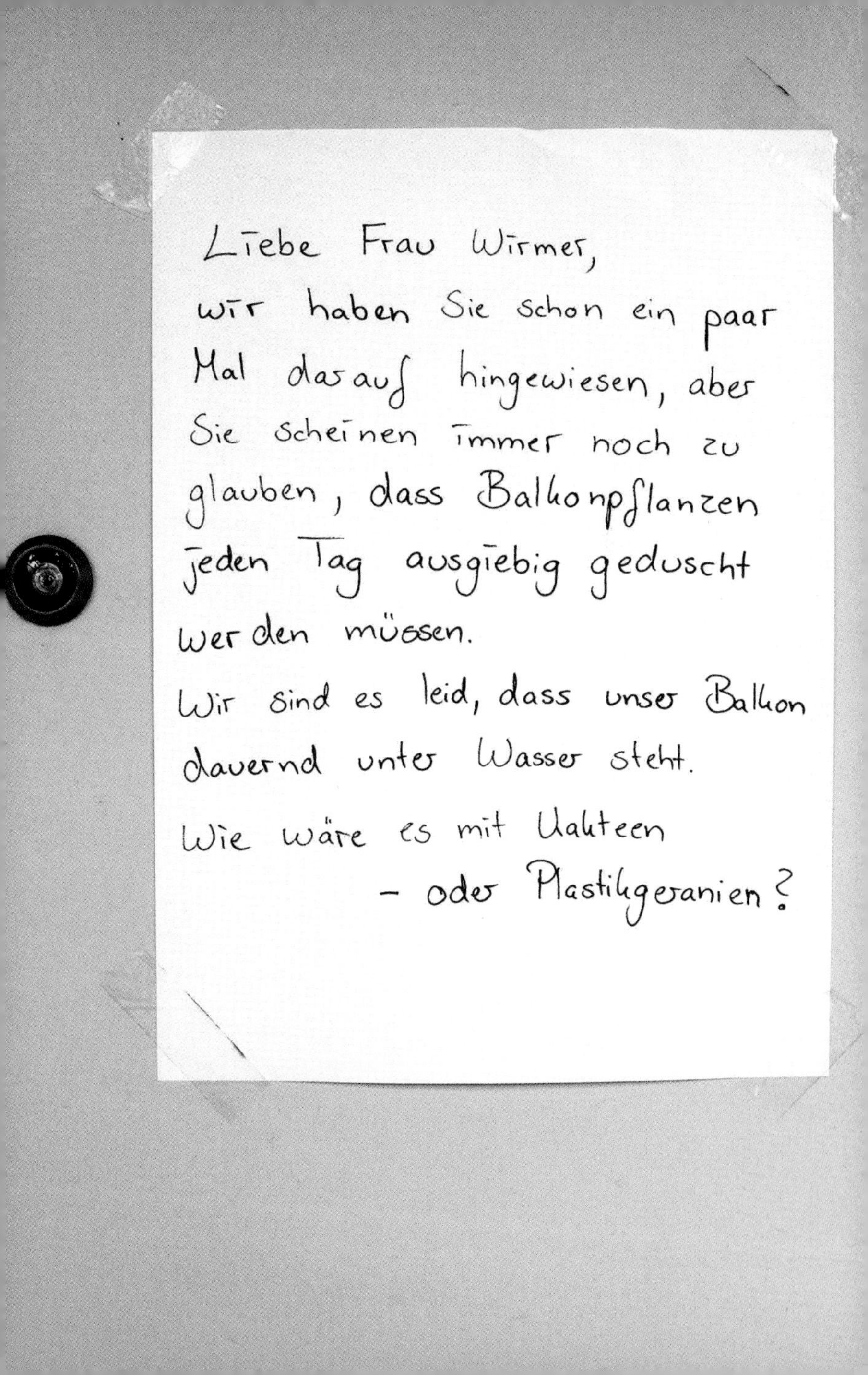
Liebe Frau Wirmer,
wir haben Sie schon ein paar Mal darauf hingewiesen, aber Sie scheinen immer noch zu glauben, dass Balkonpflanzen jeden Tag ausgiebig geduscht werden müssen.
Wir sind es leid, dass unser Balkon dauernd unter Wasser steht.
Wie wäre es mit Kakteen
– oder Plastikgeranien?

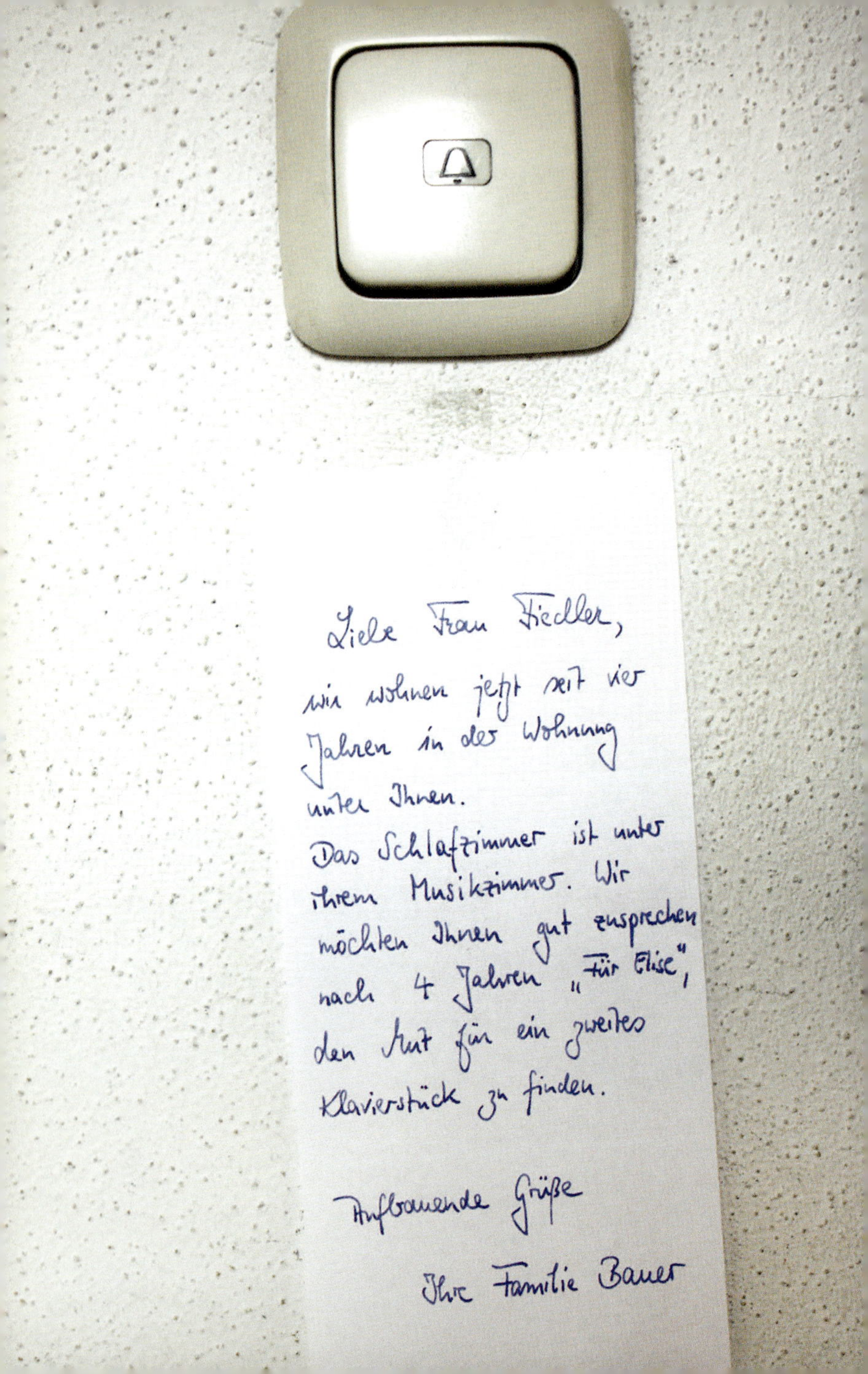
Liebe Frau Fiedler,
wir wohnen jetzt seit vier
Jahren in der Wohnung
unter Ihnen.
Das Schlafzimmer ist unter
ihrem Musikzimmer. Wir
möchten Ihnen gut zusprechen
nach 4 Jahren „Für Elise",
den Mut für ein zweites
Klavierstück zu finden.
Aufbauende Grüße
Ihre Familie Bauer

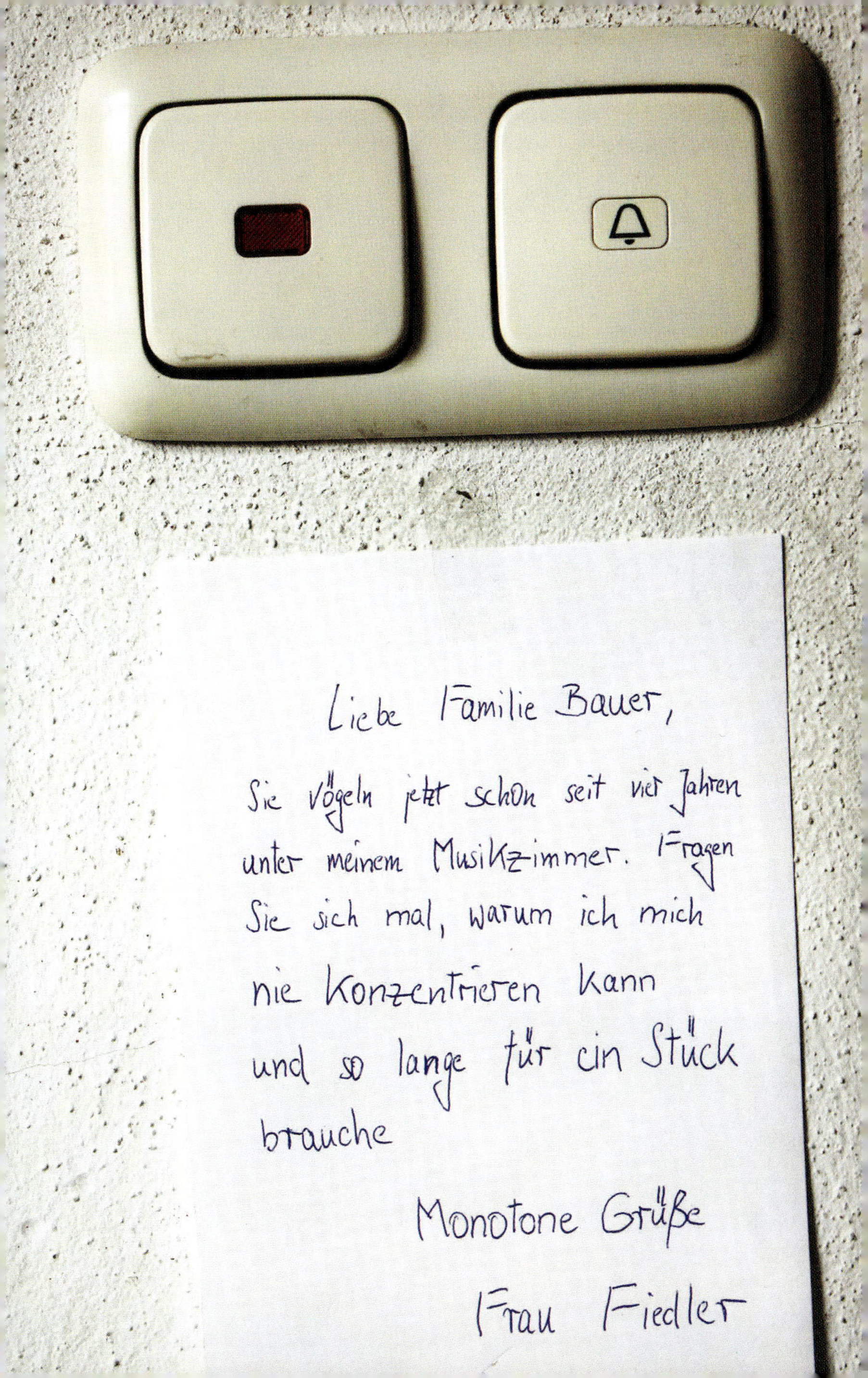
Liebe Familie Bauer,
Sie vögeln jetzt schon seit vier Jahren
unter meinem Musikzimmer. Fragen
Sie sich mal, warum ich mich
nie konzentrieren kann
und so lange für ein Stück
brauche
Monotone Grüße
Frau Fiedler

VERLOBUNGSRING
VERLOREN
Hat jemand meinen Verlobungsring gefunden?
Er ist weiß und hat 3 kleine Steine.
Ich kriege ein echtes Problem, wenn er bis Montag nicht wieder da ist.
DANKE!

Lieber Hausmeister,
der Mülleimer stinkt bis zum Himmel, machen Sie was dagegen!
Gez. Müller

Bitte keine Brotreste mehr
in den Innenhof schmeißen !!
KINDER ESSEN
TAUBEN KACKEN
!

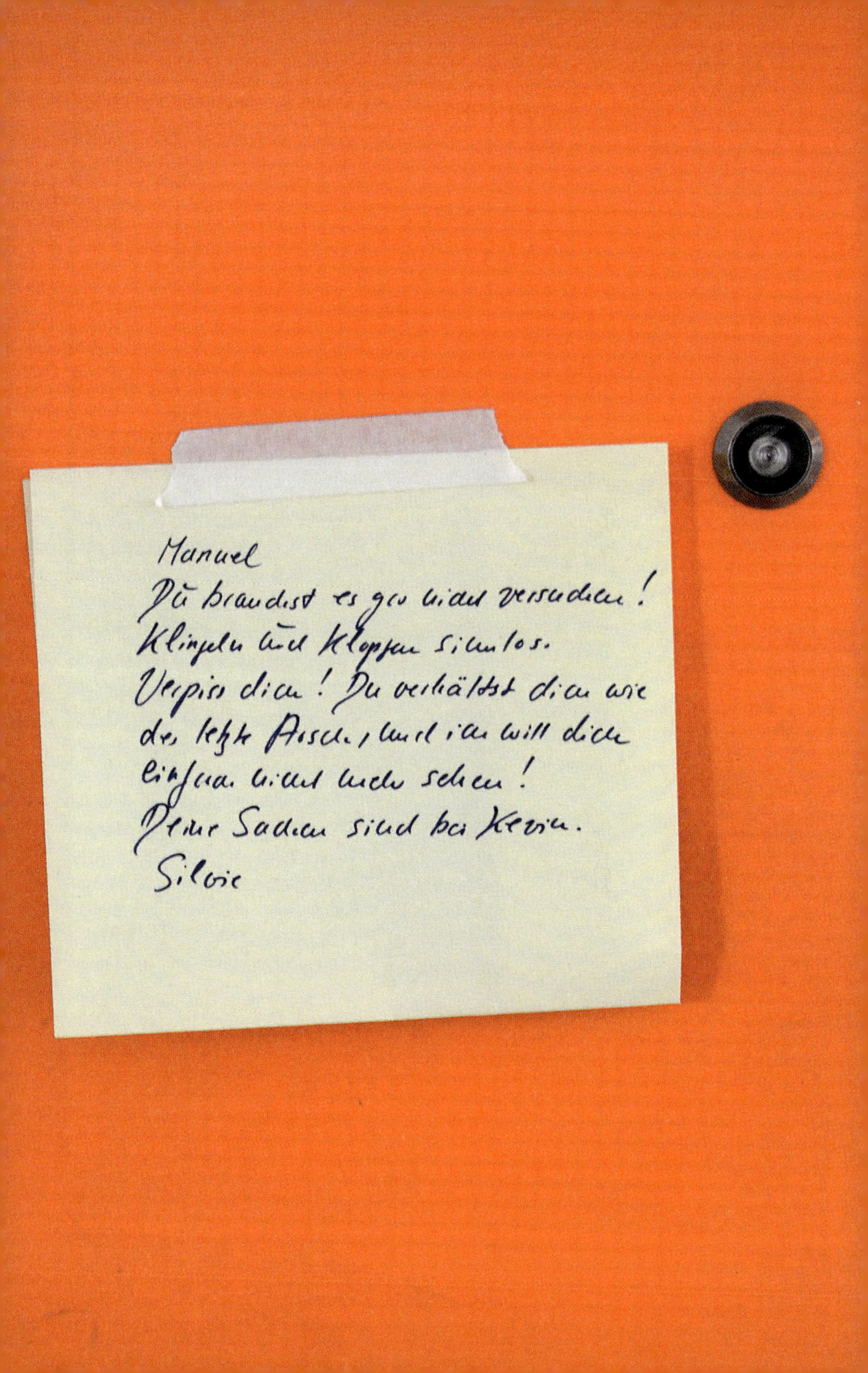
Manuel
Du brauchst es gar nicht versuchen!
Klingeln und Klopfen sinnlos.
Verpiss dich! Du verhältst dich wie
der letzte Arsch, und ich will dich
einfach nicht mehr sehen!
Deine Sachen sind bei Kevin.
Silvie

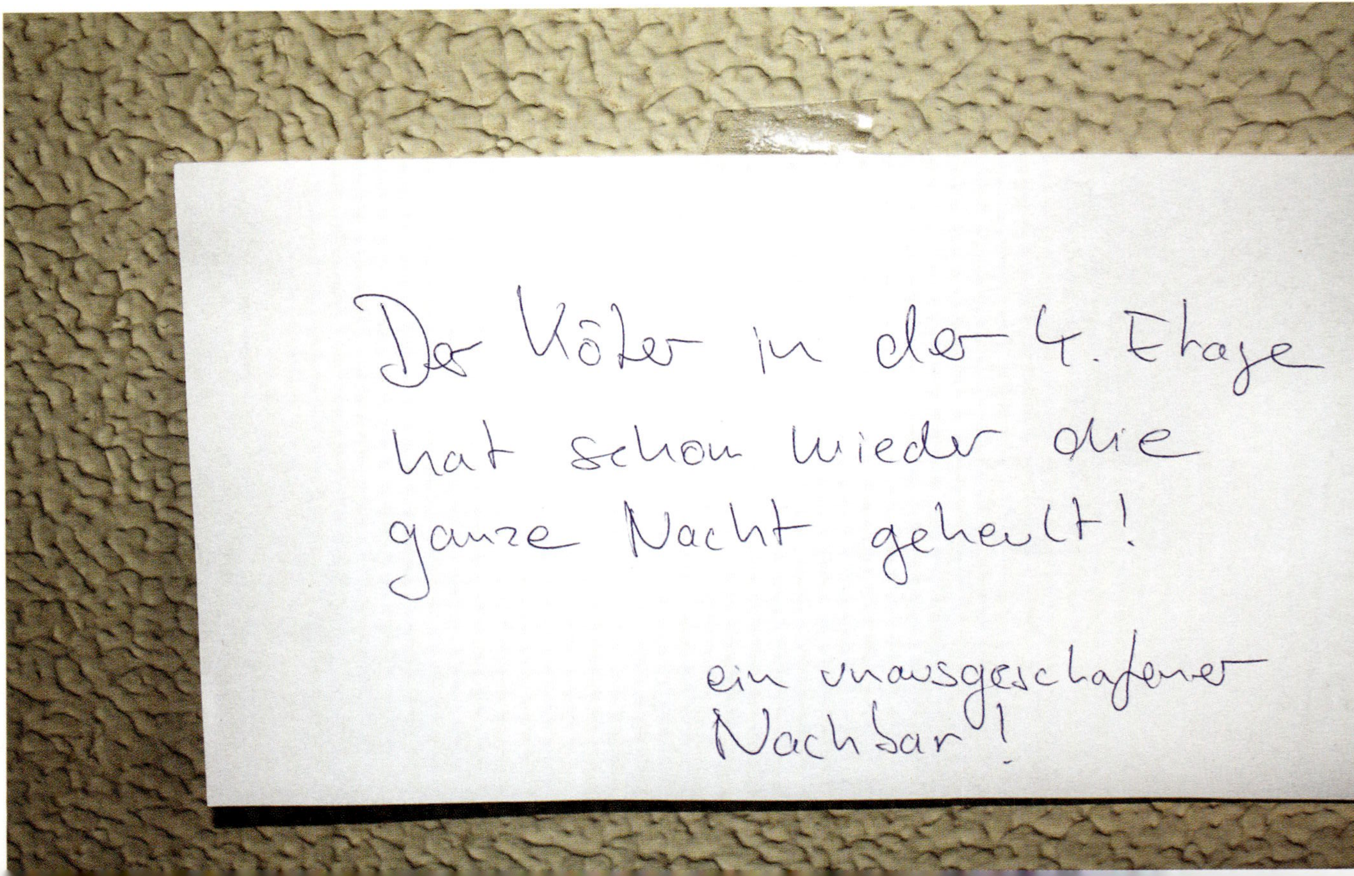
Der Köter in der 4. Etage
hat schon wieder die
ganze Nacht geheult!
ein unausgeschlafener
Nachbar!

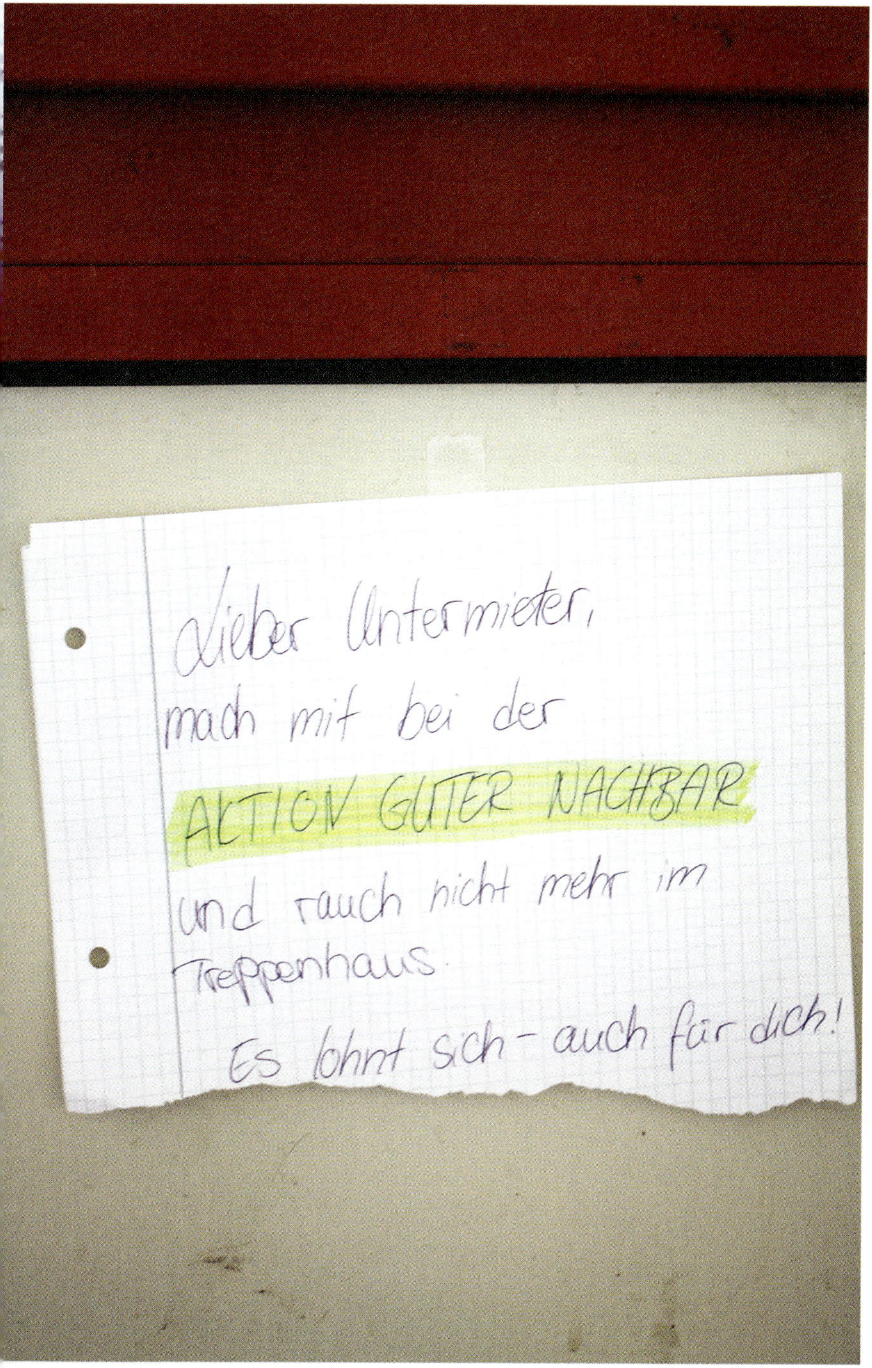
Lieber Untermieter,
mach mit bei der
AKTION GUTER NACHBAR
und rauch nicht mehr im
Treppenhaus.
Es lohnt sich – auch für dich!

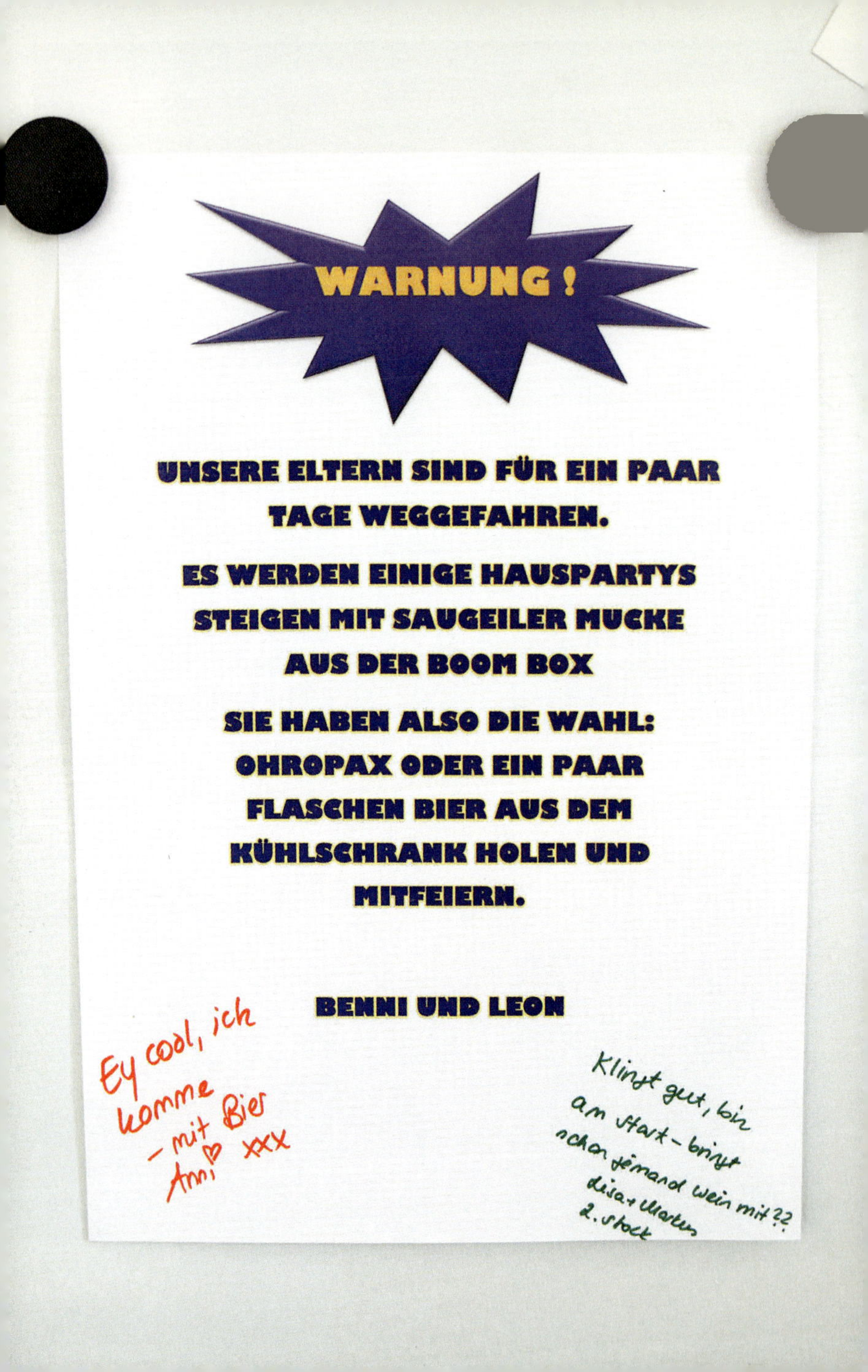
WARNUNG !
UNSERE ELTERN SIND FÜR EIN PAAR TAGE WEGGEFAHREN.
ES WERDEN EINIGE HAUSPARTYS STEIGEN MIT SAUGEILER MUCKE AUS DER BOOM BOX
SIE HABEN ALSO DIE WAHL: OHROPAX ODER EIN PAAR FLASCHEN BIER AUS DEM KÜHLSCHRANK HOLEN UND MITFEIERN.
BENNI UND LEON
Ey cool, ich komme – mit Bier
Anni xxx
Klingt gut, bin am Start – bringt schon jemand Wein mit??
Lisa + Marten
2. Stock

WER HAT DEN ROTEN
TANGA IN DER WASCH-
MASCHINE LIEGEN LASSEN?
KANN BEI MIR ABGEHOLT
WERDEN: HORST MÜLLER
4. STOCK MITTE RECHTS

Ich mag nur Wasser!
BIER

in

Persönlich haftende Gesellschafterin
Schwab Immobilien-Verwaltungs GmbH

Bankverbindung:
Kreissparkasse Mühldorf a. Inn

Wegen Rattenbefall bitte ab sofort keine Speise- und Nahrungsmittelreste mehr über die Toilette oder den Ausguss entsorgen!

Die Hausverwaltung

Lieber Herr Hausmeister,
wir sind absolut dagegen,
dass Sie mit Giftmitteln die Ratten
bekämpfen. Wir haben deshalb
gemeinsam eine Lebendfalle besorgt.

– Die Hausbewohner –

Liebe Nachbarn!
Am Freitag, den 25. Februar, feiere
ich meinen Geburtstag nach!
Falls es etwas lauter wird,
entschuldige ich mich jetzt schon
dafür.
Ich würde mich freuen, wenn Sie
vorbei kommen würden.
Ihre Rosalie
3. Stock, links
HARIBO
HARIBO MACHT KINDER FROH UND ERWACHSENE EBENSO
SAFT
GOLDBÄREN
MIT 25% FRUCHTSAFT
HARIBO
HARIBO MACHT KINDER FROH
Das Original seit 1922
UND ERWACHSENE EBENSO
GOLDBÄREN
sugus
HARIBO
TROPIFRUTTI
HARIBO
HARIBO MACHT KINDER FROH
UND ERWACHSENE EBENSO
Original
Happy Cola

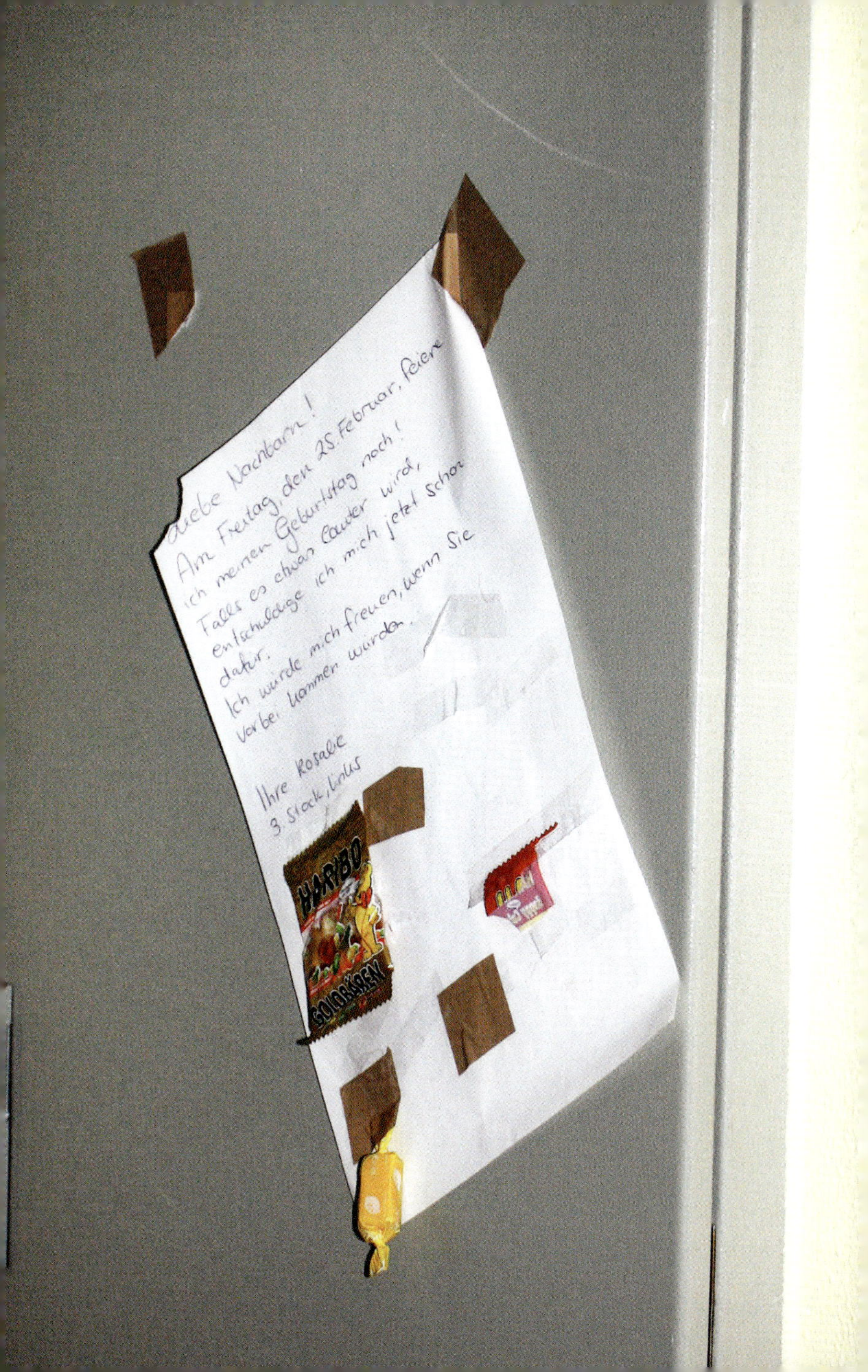
Liebe Nachbarn!
Am Freitag, den 25. Februar, feiere
ich meinen Geburtstag nach!
Falls es etwas lauter wird,
entschuldige ich mich jetzt schon
dafür.
Ich würde mich freuen, wenn Sie
vorbei kommen würden.
Ihre Rosalie
3. Stock, links
HARIBO
GOLDBÄREN

An das Arschloch,
das mein Fahrrad geklaut hat:
ICH WERDE DICH FINDEN. ICH WERDE
DICH ZUR STRECKE BRINGEN. EGAL, WIE LANGE
DAS DAUERT. WENN DU GLÜCK HAST,
STIRBST DU VORHER!!!

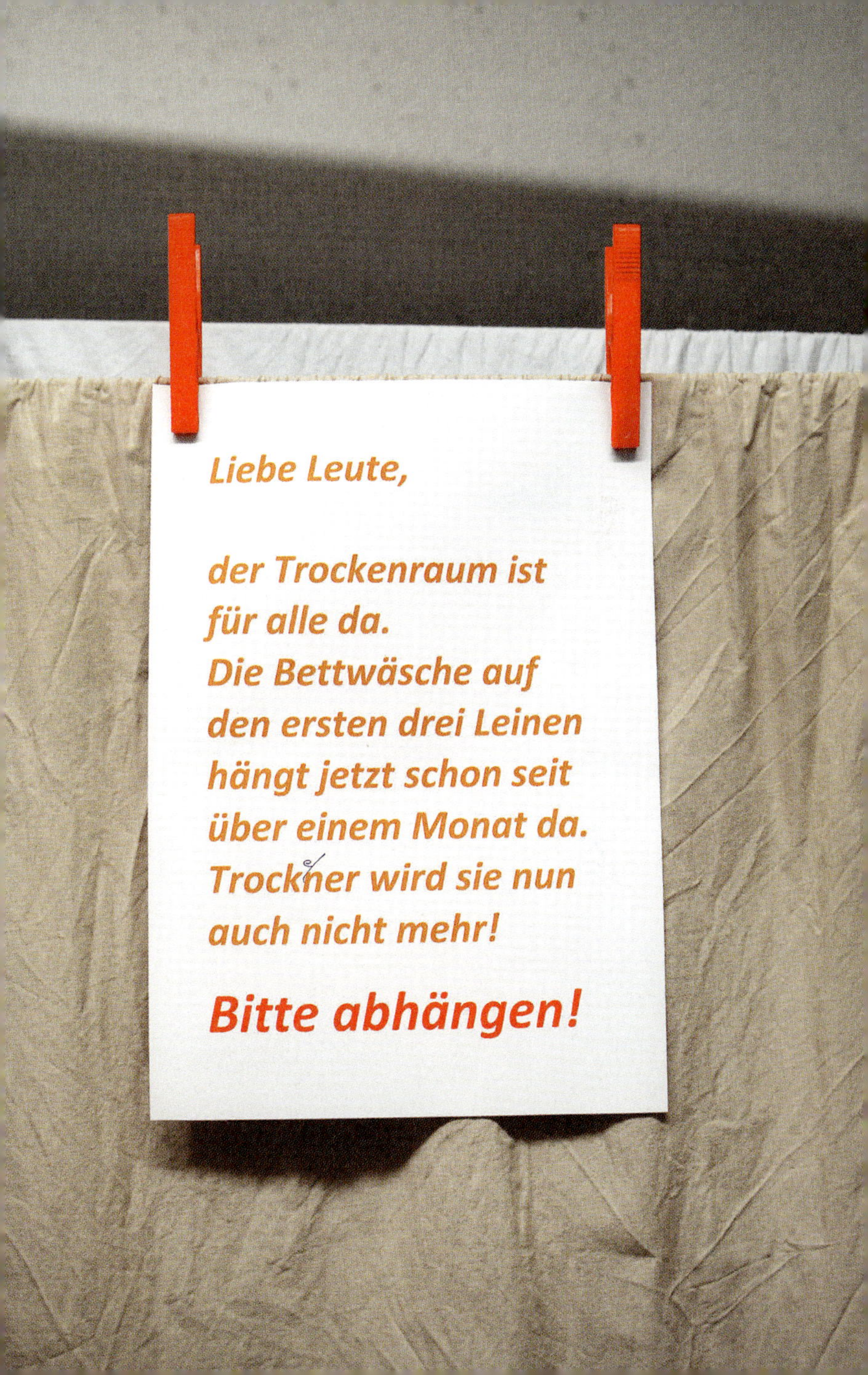
Liebe Leute,
der Trockenraum ist
für alle da.
Die Bettwäsche auf
den ersten drei Leinen
hängt jetzt schon seit
über einem Monat da.
Trockner wird sie nun
auch nicht mehr!
Bitte abhängen!

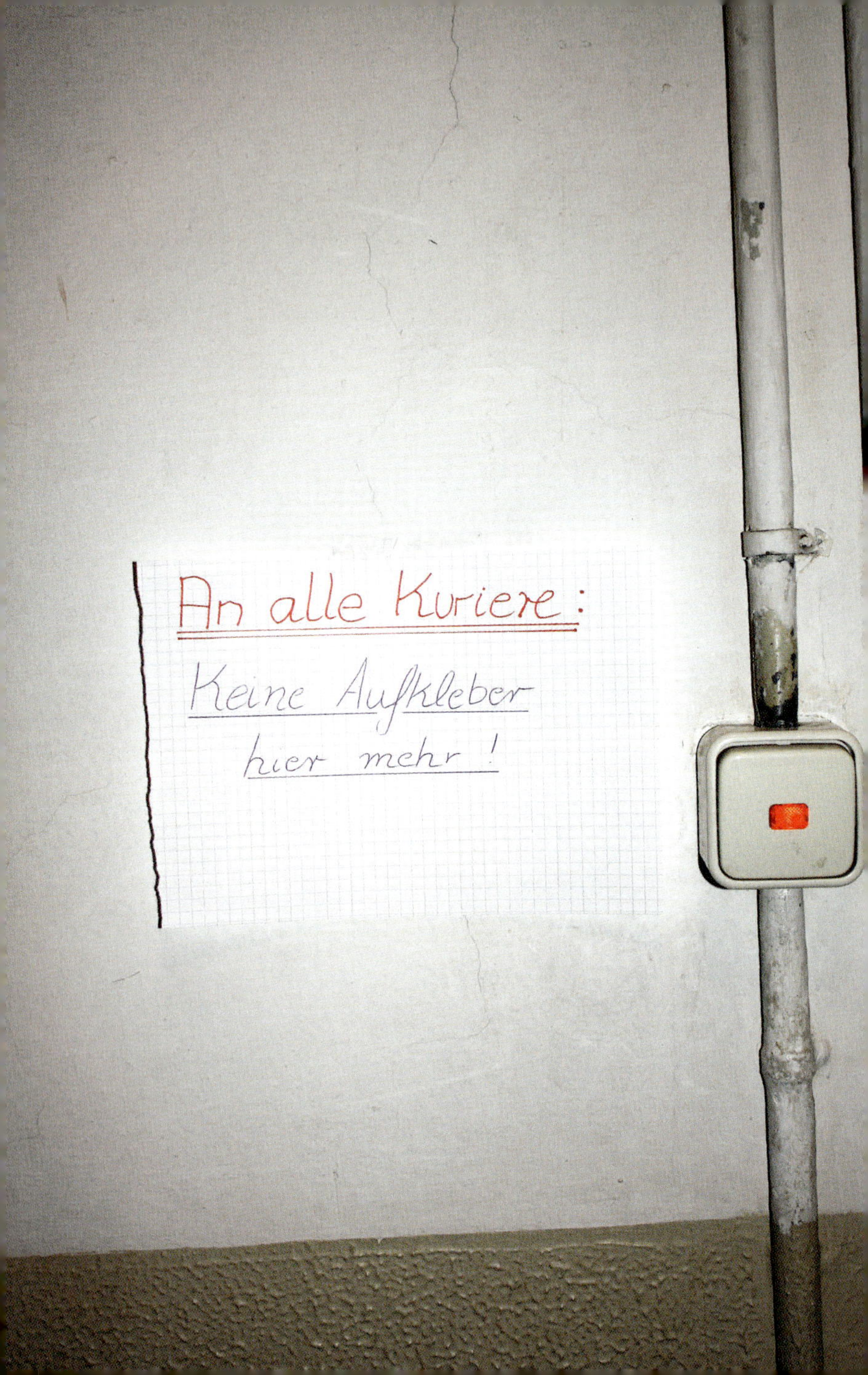
An alle Kuriere:
Keine Aufkleber
hier mehr!

Wer lässt denn immer seinen
Mistköter hier im Hof
scheißen und räumt die
Stinkwürste nicht weg?
Das ist eine Riesensauerei.
Wenn wir's rauskriegen,
landet der Dreck bei Ihnen
vor der Tür - im Ernst!!!

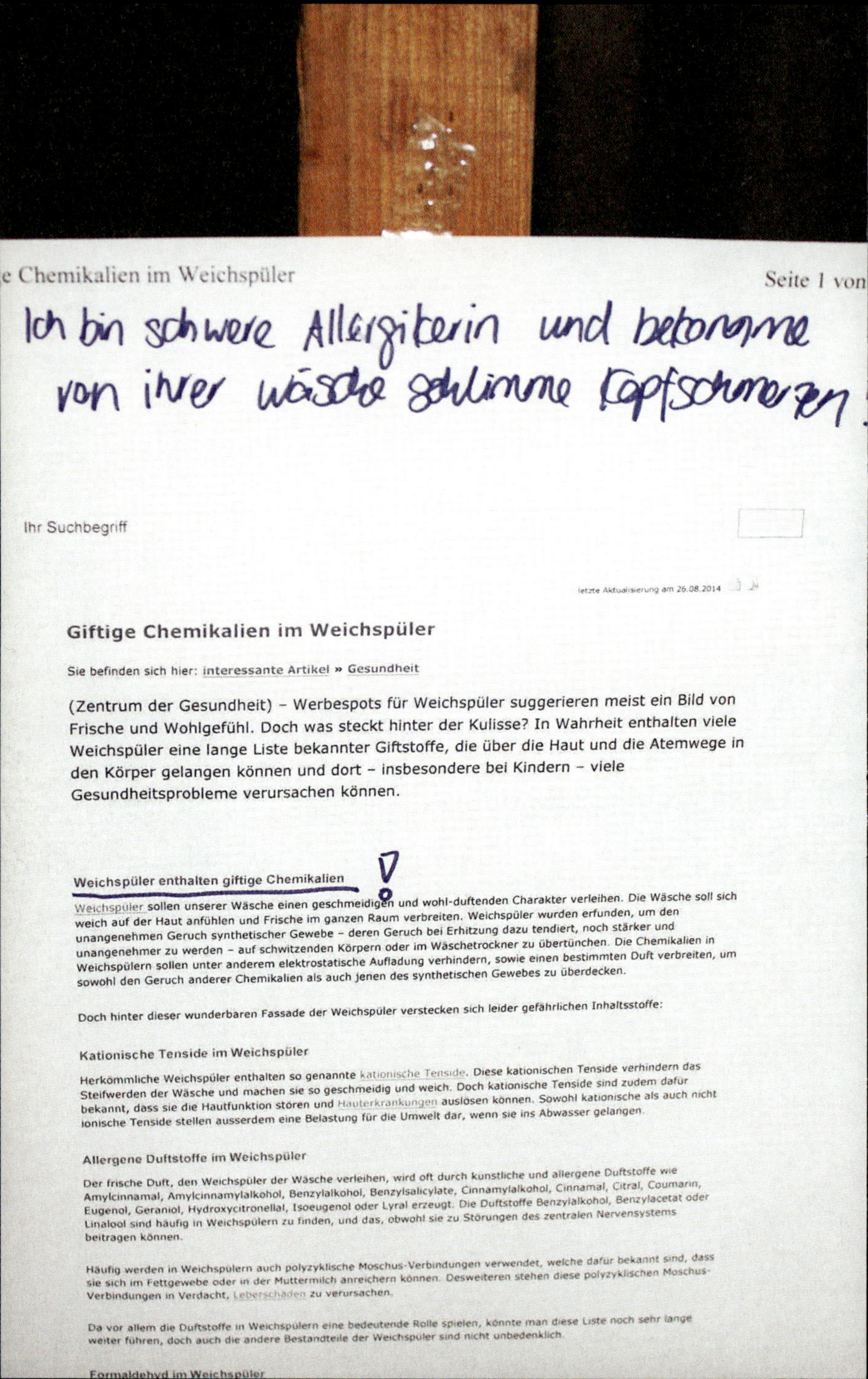

e Chemikalien im Weichspüler Seite 1 von

Ich bin schwere Allergikerin und bekomme von ihrer Wäsche schlimme Kopfschmerzen!

Ihr Suchbegriff

letzte Aktualisierung am 26.08.2014

Giftige Chemikalien im Weichspüler

Sie befinden sich hier: interessante Artikel » Gesundheit

(Zentrum der Gesundheit) – Werbespots für Weichspüler suggerieren meist ein Bild von Frische und Wohlgefühl. Doch was steckt hinter der Kulisse? In Wahrheit enthalten viele Weichspüler eine lange Liste bekannter Giftstoffe, die über die Haut und die Atemwege in den Körper gelangen können und dort – insbesondere bei Kindern – viele Gesundheitsprobleme verursachen können.

Weichspüler enthalten giftige Chemikalien !

Weichspüler sollen unserer Wäsche einen geschmeidigen und wohl-duftenden Charakter verleihen. Die Wäsche soll sich weich auf der Haut anfühlen und Frische im ganzen Raum verbreiten. Weichspüler wurden erfunden, um den unangenehmen Geruch synthetischer Gewebe – deren Geruch bei Erhitzung dazu tendiert, noch stärker und unangenehmer zu werden – auf schwitzenden Körpern oder im Wäschetrockner zu übertünchen. Die Chemikalien in Weichspülern sollen unter anderem elektrostatische Aufladung verhindern, sowie einen bestimmten Duft verbreiten, um sowohl den Geruch anderer Chemikalien als auch jenen des synthetischen Gewebes zu überdecken.

Doch hinter dieser wunderbaren Fassade der Weichspüler verstecken sich leider gefährlichen Inhaltsstoffe:

Kationische Tenside im Weichspüler

Herkömmliche Weichspüler enthalten so genannte kationische Tenside. Diese kationischen Tenside verhindern das Steifwerden der Wäsche und machen sie so geschmeidig und weich. Doch kationische Tenside sind zudem dafür bekannt, dass sie die Hautfunktion stören und Hauterkrankungen auslösen können. Sowohl kationische als auch nicht ionische Tenside stellen ausserdem eine Belastung für die Umwelt dar, wenn sie ins Abwasser gelangen.

Allergene Duftstoffe im Weichspüler

Der frische Duft, den Weichspüler der Wäsche verleihen, wird oft durch künstliche und allergene Duftstoffe wie Amylcinnamal, Amylcinnamylalkohol, Benzylalkohol, Benzylsalicylate, Cinnamylalkohol, Cinnamal, Citral, Coumarin, Eugenol, Geraniol, Hydroxycitronellal, Isoeugenol oder Lyral erzeugt. Die Duftstoffe Benzylalkohol, Benzylacetat oder Linalool sind häufig in Weichspülern zu finden, und das, obwohl sie zu Störungen des zentralen Nervensystems beitragen können.

Häufig werden in Weichspülern auch polyzyklische Moschus-Verbindungen verwendet, welche dafür bekannt sind, dass sie sich im Fettgewebe oder in der Muttermilch anreichern können. Desweiteren stehen diese polyzyklischen Moschus-Verbindungen in Verdacht, Leberschäden zu verursachen.

Da vor allem die Duftstoffe in Weichspülern eine bedeutende Rolle spielen, könnte man diese Liste noch sehr lange weiter führen, doch auch die andere Bestandteile der Weichspüler sind nicht unbedenklich.

Formaldehyd im Weichspüler

Liebe Anwohner,

ein Vorschlag: Wollen wir alle zusammenlegen und Familie Maunzinger einen Klavierstimmer bezahlen? Das Katzengejammer ist unerträglich und gemeinsam wären die Kosten zu stemmen. Wir sind mit 20 Euro dabei!

Gez. Familie Mied

Wir mit 20€!!
Familie Rau

Tolle Idee! 20 Euro - von den Saitenbachers!

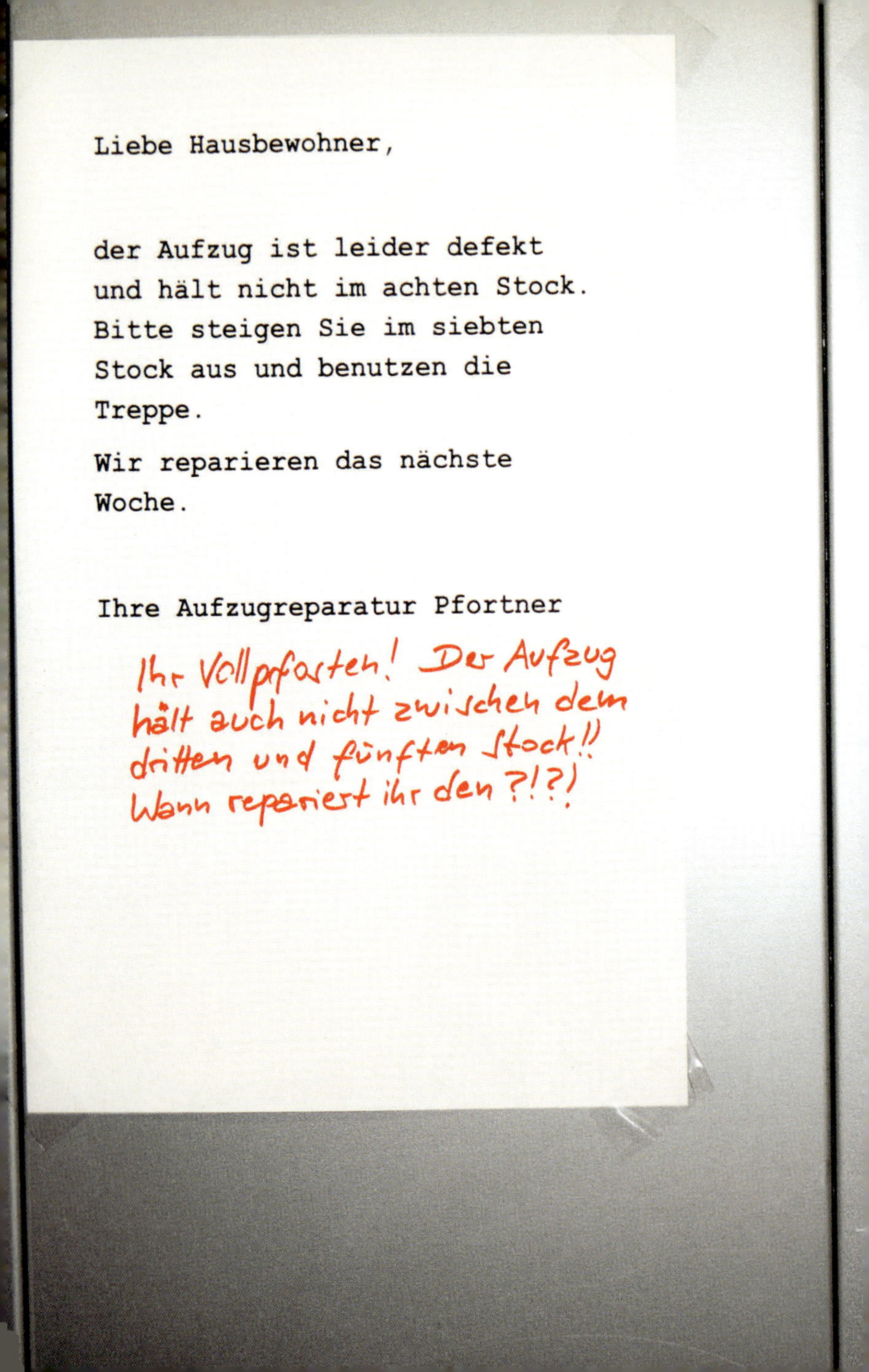

Liebe Hausbewohner,

der Aufzug ist leider defekt
und hält nicht im achten Stock.
Bitte steigen Sie im siebten
Stock aus und benutzen die
Treppe.

Wir reparieren das nächste
Woche.

Ihre Aufzugreparatur Pfortner

Ihr Vollpforten! Der Aufzug
hält auch nicht zwischen dem
dritten und fünften Stock!!
Wann repariert ihr den?!?!

Liebe Hausbewohner,

wir bedauern diese Panne sehr und werden das nächste Woche in Ordnung bringen.

Die Bewohner des dritten Stocks sollten also im zweiten Stock aussteigen und raufgehen.

Die Bewohner des fünften Stocks sollten bis zum sechsten durchfahren.

Die Bewohner des vierten Stocks sparen natürlich Zeit, wenn sie im zweiten Stock aussteigen.

Ihre Aufzugreparatur Pfortner

Schlaumeier!!!

Ich wohne im vierten Stock und bekomme morgen ein Klavier angeliefert. Der Spediteur wird Schreikrämpfe kriegen, wenn ich ihn vor die Wahl stelle, und das Klavier bei den Briefkästen abstellen. Sie sind morgen gefälligst hier und schleppen mir das hoch – ob von unten oder aus dem zweiten Stock ist mir wurscht!

Peter Moll

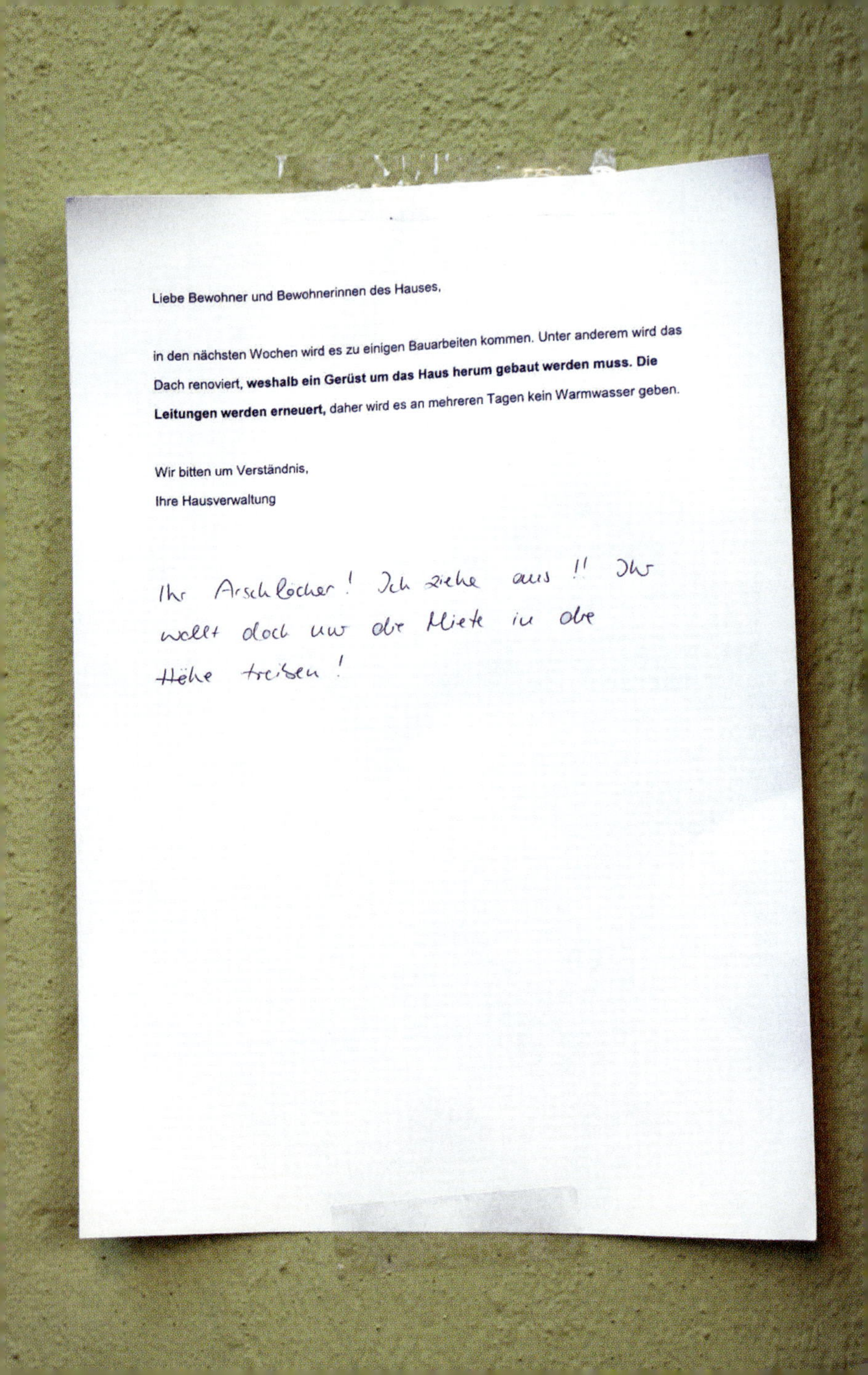

Liebe Bewohner und Bewohnerinnen des Hauses,

in den nächsten Wochen wird es zu einigen Bauarbeiten kommen. Unter anderem wird das Dach renoviert, **weshalb ein Gerüst um das Haus herum gebaut werden muss. Die Leitungen werden erneuert,** daher wird es an mehreren Tagen kein Warmwasser geben.

Wir bitten um Verständnis,

Ihre Hausverwaltung

Ihr Arschlöcher! Ich ziehe aus!! Ihr wollt doch nur die Miete in die Höhe treiben!

IMMER DIESER LERM
DAS MUSS AUFHÖREN !!!!!!

BALD KOMMEN
10.000
KÜCHENSCHABEN

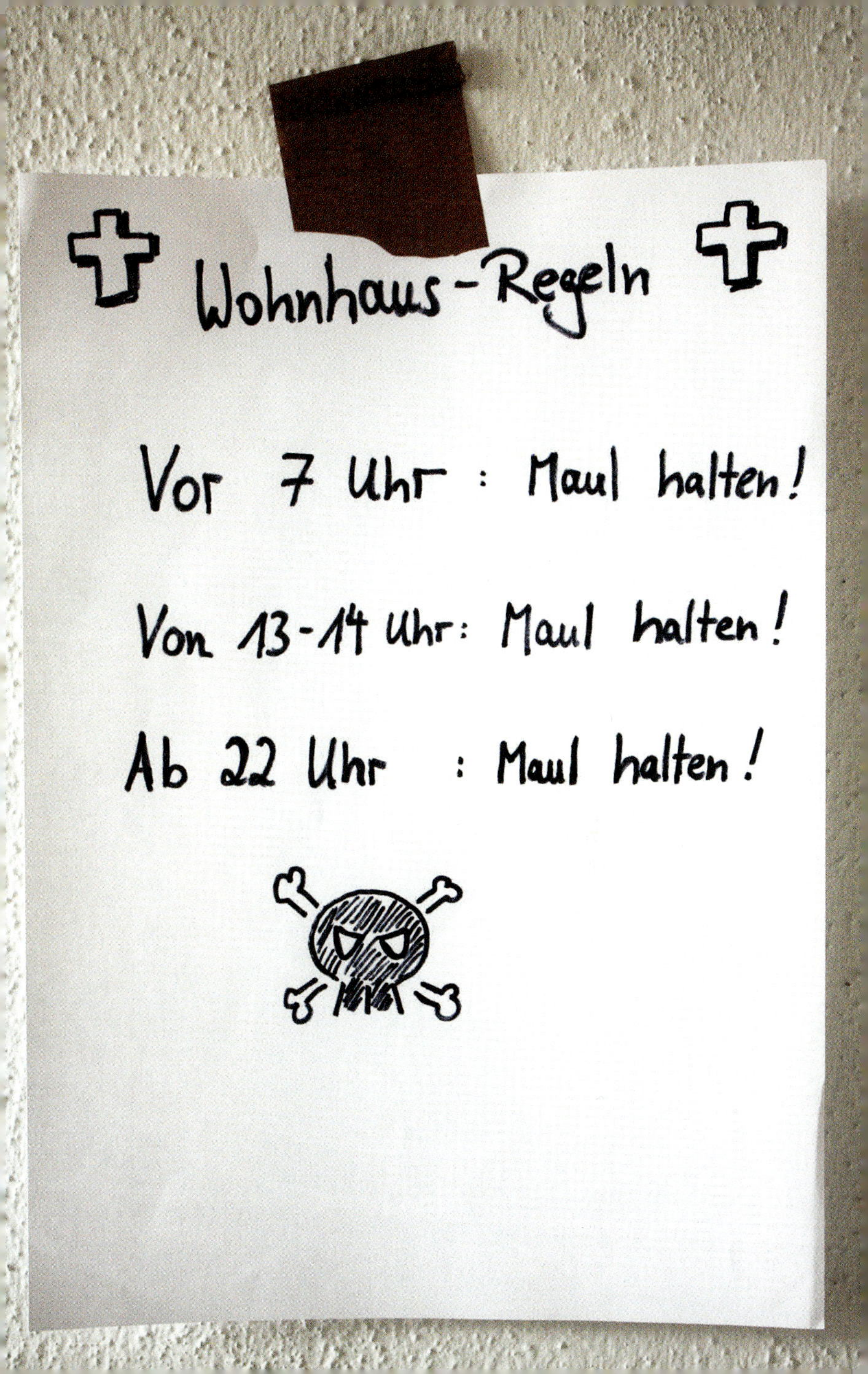
Wohnhaus-Regeln
Vor 7 Uhr : Maul halten!
Von 13-14 Uhr: Maul halten!
Ab 22 Uhr : Maul halten!

WO SIND DIE
DART PFEILE?
12
18
7
2
19
3
17

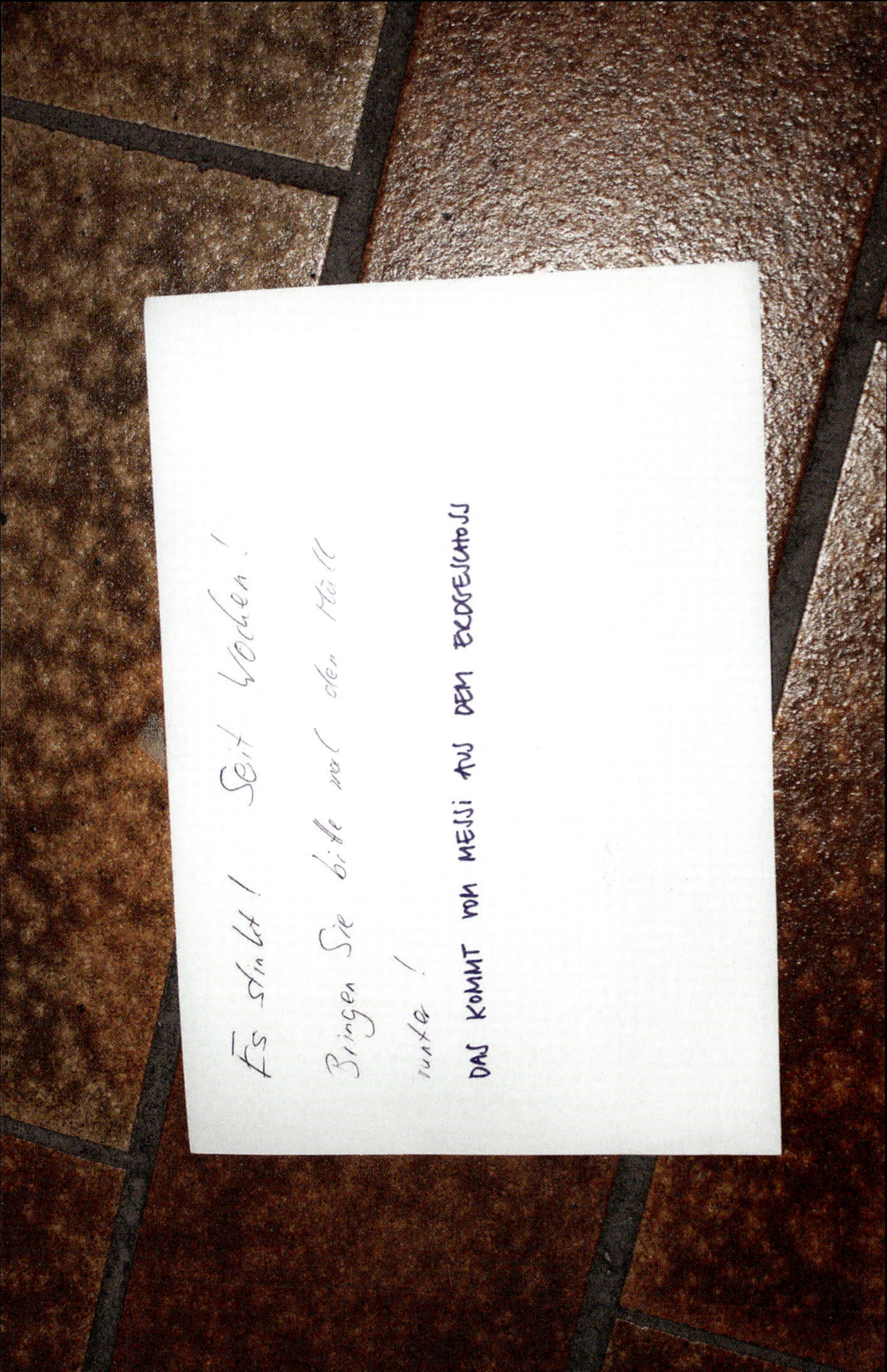
Es stinkt! Seit Wochen!
Bringen Sie bitte mal den Müll runter!
DAS KOMMT VON MESSi AUS DEM ERDGESCHOSS

WER HAT
GESTERN
AUF UNSERE
FUSSMATTE
GEKOTZT?
EURE TOCHTER
VIELLEICHT,
SÄHE IHR
ÄHNLICH!

Der Meyer wars!

Sehr geehrter Herr Hausmeister,

ganz wunderbar, wie Sie sich um den Rasen kümmern! Er ist immer auf die richtige Höhe getrimmt, wird von Ihnen gehegt und gepflegt.
Mit viel Liebe, davon gehe ich aus.

Aber bitte,
HÖREN SIE ENDLICH AUF DAMIT;
AM SONNTAG IN DER FRÜH
SCHLAFE ICH!!! AUS!!!

Bitte halten Sie
sich alle an die
Hausregeln.
Das schließt ein:
keine laute Musik
zwischen 12.00
und 13.30.

Liebe Nachbarin,

Ich kenne nicht mal deinen Vornamen,
Aber du bist die Schönste, die ich je sah
Ein Hallo kann ich nicht hervorkramen
Und nehm dich nur still wahr

Aber dein Lächeln kann ich nicht vergessen
Und würd dich gern einladen zum Essen
Schweb runter zu mir, du Engel aus der vierten Etage
Ein Ja ist mehr wert als jede Blamage

Dein Max

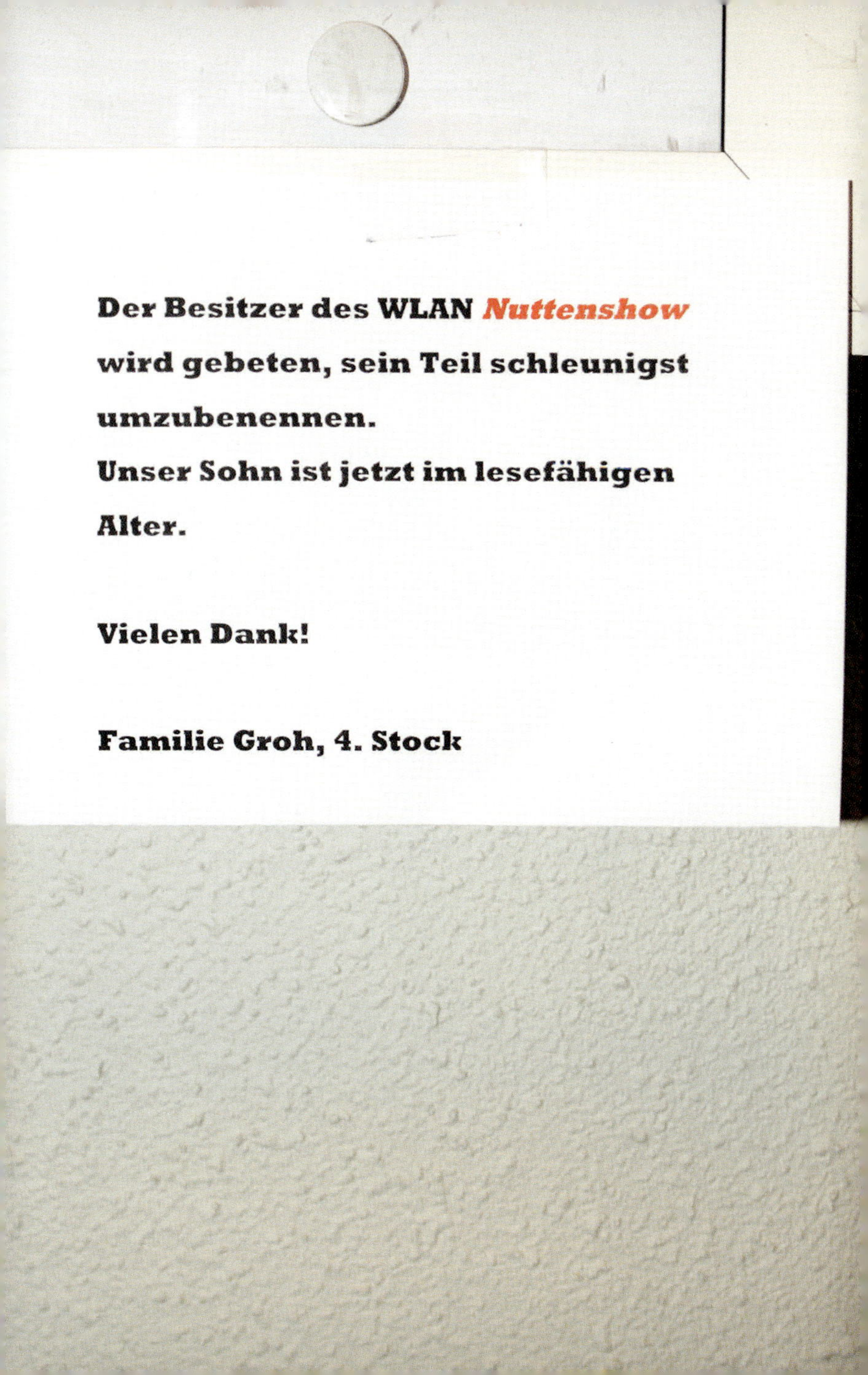
Der Besitzer des WLAN *Nuttenshow*
wird gebeten, sein Teil schleunigst
umzubenennen.
Unser Sohn ist jetzt im lesefähigen
Alter.
Vielen Dank!
Familie Groh, 4. Stock

Leere Bierstapel vor meiner Wohnungstür?

Ruckzuck ist die Fresse dick!

Google
Home View
Besichtigen Sie mit uns Wohnungen. Betreten Sie Küchen, Toiletten, Bäder und Schlafzimmer. Auch diese Wohnung – alles in 360-Grad-Bildern.

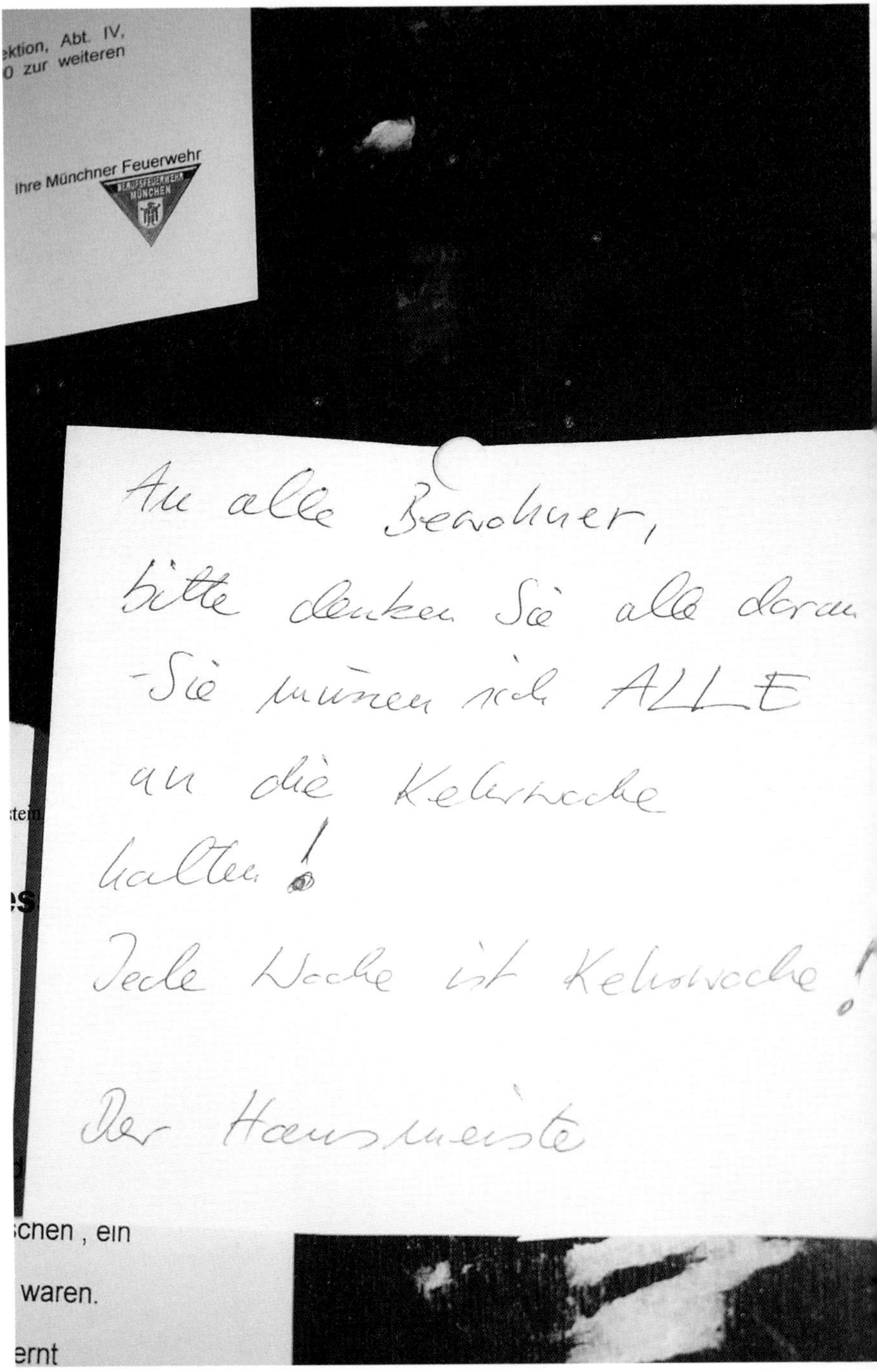
Ihre Münchner Feuerwehr
BERUFSFEUERWEHR MÜNCHEN
An alle Bewohner,
bitte denken Sie alle daran
- Sie müssen sich ALLE
an die Kehrwoche
halten!
Jede Woche ist Kehrwoche!
Der Hausmeister

TREPPEN
WOCHE

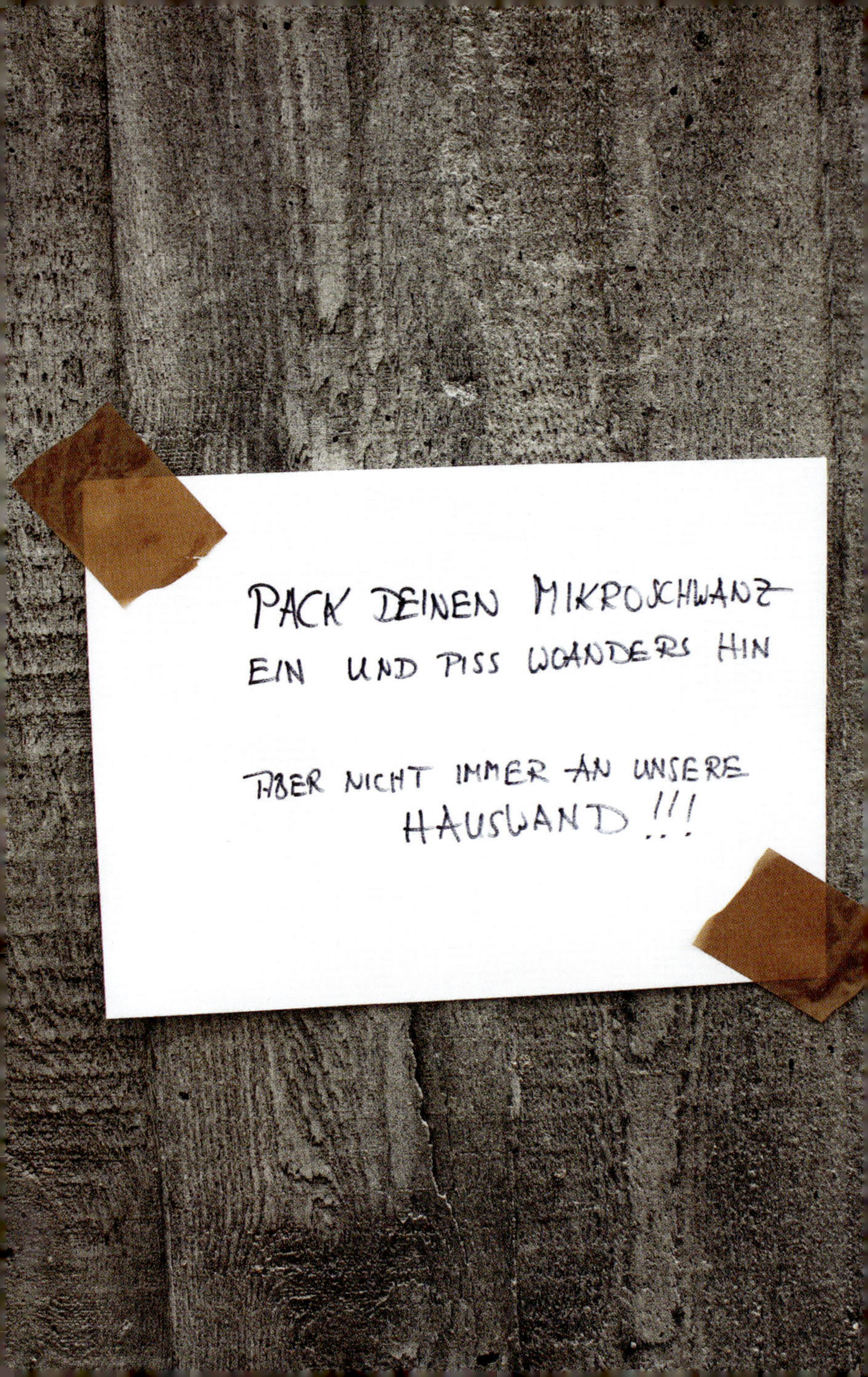
PACK DEINEN MIKROSCHWANZ
EIN UND PISS WOANDERS HIN
ABER NICHT IMMER AN UNSERE
HAUSWAND!!!

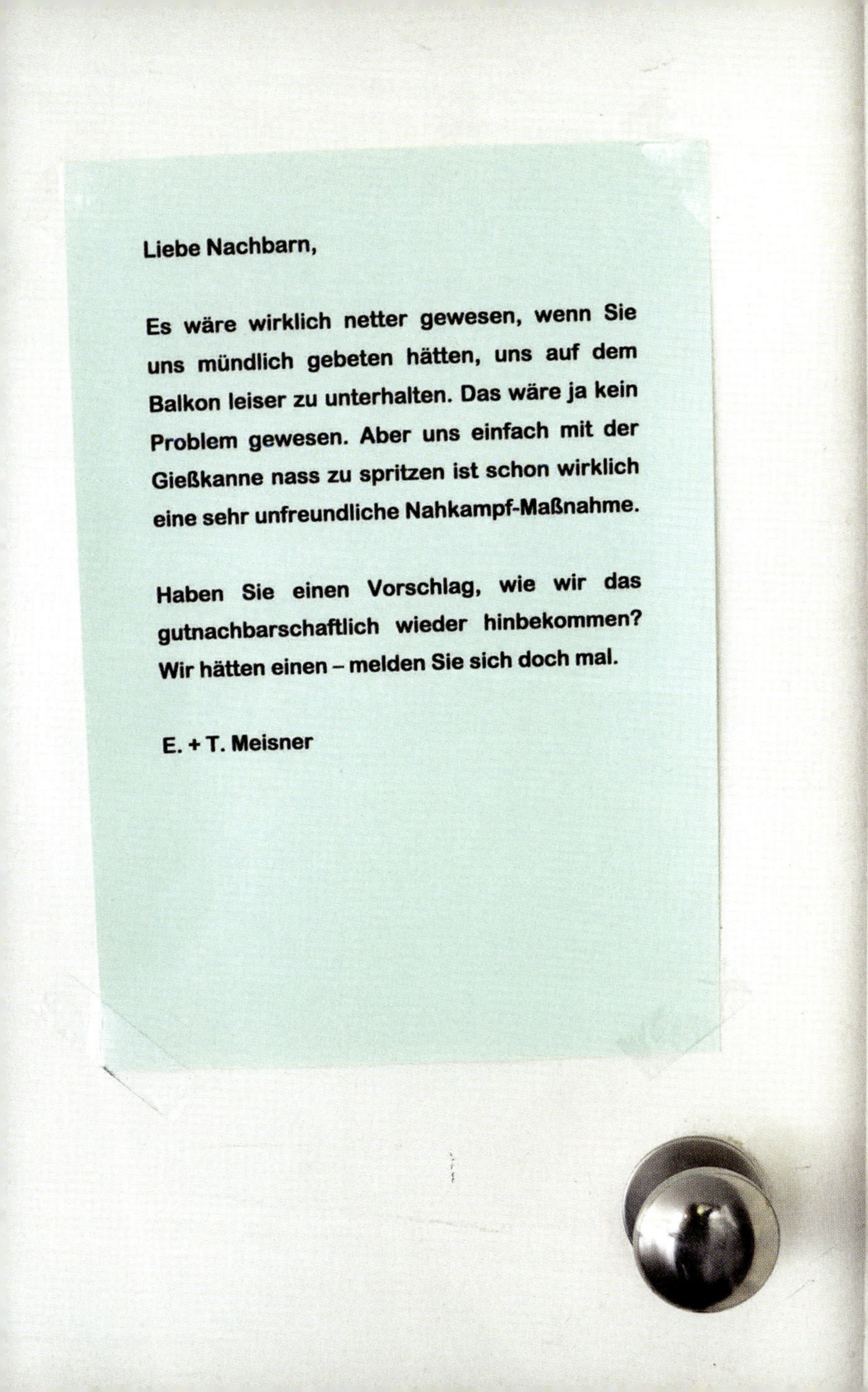

Liebe Nachbarn,

Es wäre wirklich netter gewesen, wenn Sie uns mündlich gebeten hätten, uns auf dem Balkon leiser zu unterhalten. Das wäre ja kein Problem gewesen. Aber uns einfach mit der Gießkanne nass zu spritzen ist schon wirklich eine sehr unfreundliche Nahkampf-Maßnahme.

Haben Sie einen Vorschlag, wie wir das gutnachbarschaftlich wieder hinbekommen? Wir hätten einen – melden Sie sich doch mal.

E. + T. Meisner

Bitte hier nicht
Spucken! Das ist ein
Treppenhaus: Und es ist
verdammt noch mal eklig, wenn
hier auf dem Boden, vor die Türe
und sonst auch überall hin
gespuckt wird.
DANKE

Liebe Nachbarn,

Wir machen Samstag 'ne Motto-Party bei uns in der WG. Es wird eine **P-Party**, also bitte nicht wundern, wenn am Wochenende **P**iraten, **P**rostituierte und **P**enisse durchs Treppenhaus laufen.

Danke und viele Grüße

Eure Lieblingsstudenten aus dem 5. Stock

Geil!

Geiel!

DER MÜLL KOMMT IN
DIE TONNE, NICHT DANEBEN

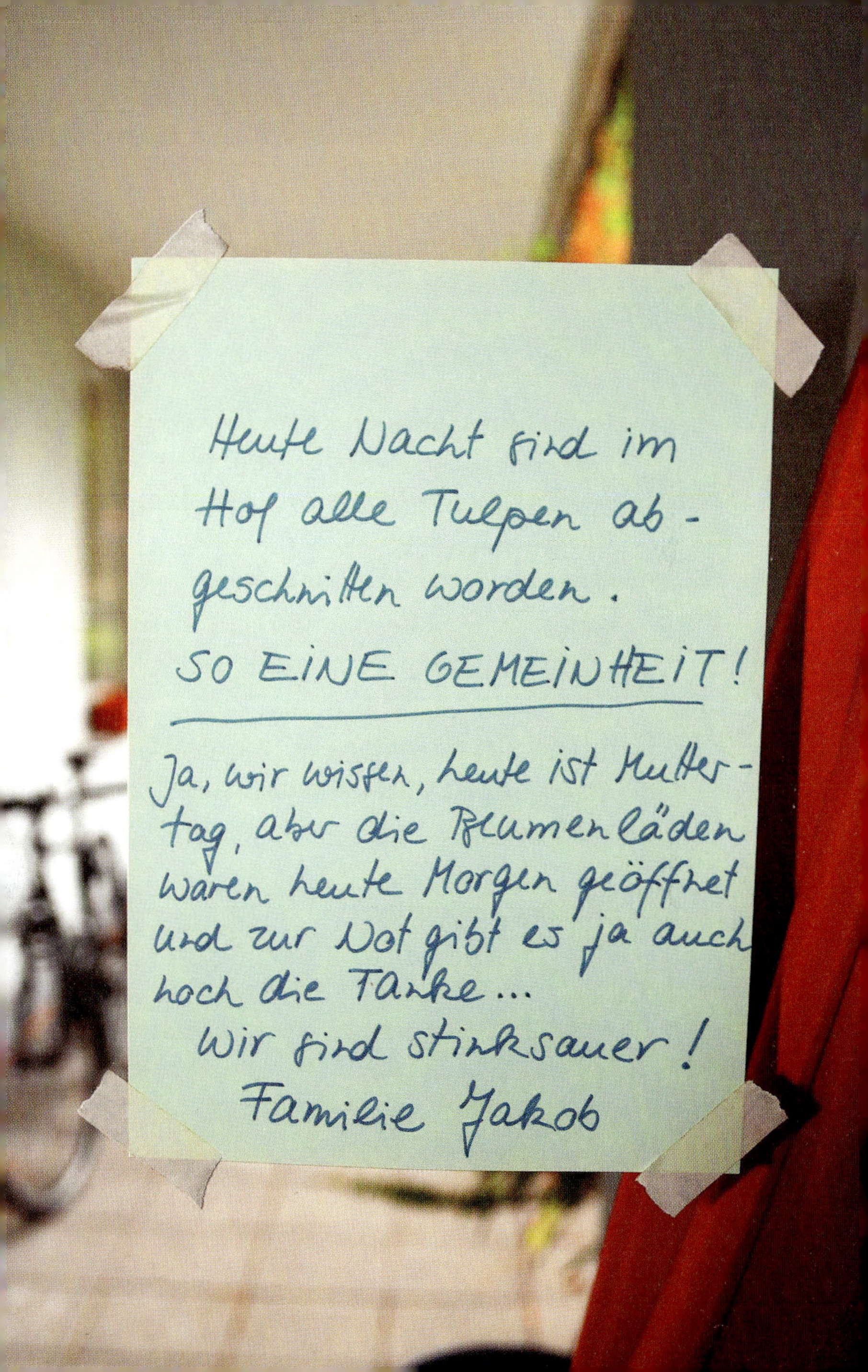
Heute Nacht sind im Hof alle Tulpen abgeschnitten worden.
SO EINE GEMEINHEIT!
Ja, wir wissen, heute ist Muttertag, aber die Blumenläden waren heute Morgen geöffnet und zur Not gibt es ja auch noch die Tanke …
Wir sind stinksauer!
Familie Jakob

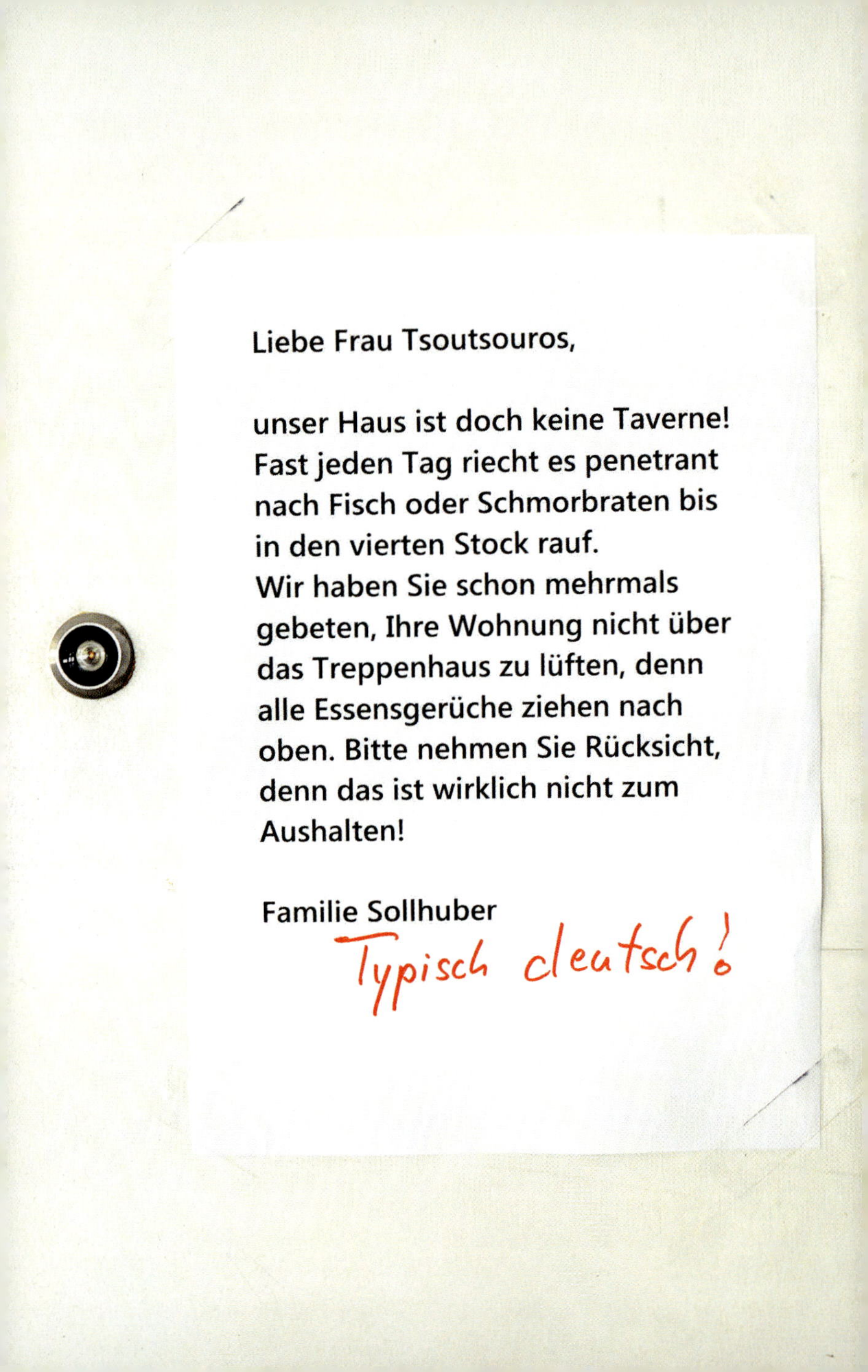

Liebe Frau Tsoutsouros,

unser Haus ist doch keine Taverne! Fast jeden Tag riecht es penetrant nach Fisch oder Schmorbraten bis in den vierten Stock rauf.
Wir haben Sie schon mehrmals gebeten, Ihre Wohnung nicht über das Treppenhaus zu lüften, denn alle Essensgerüche ziehen nach oben. Bitte nehmen Sie Rücksicht, denn das ist wirklich nicht zum Aushalten!

Familie Sollhuber

Typisch deutsch!

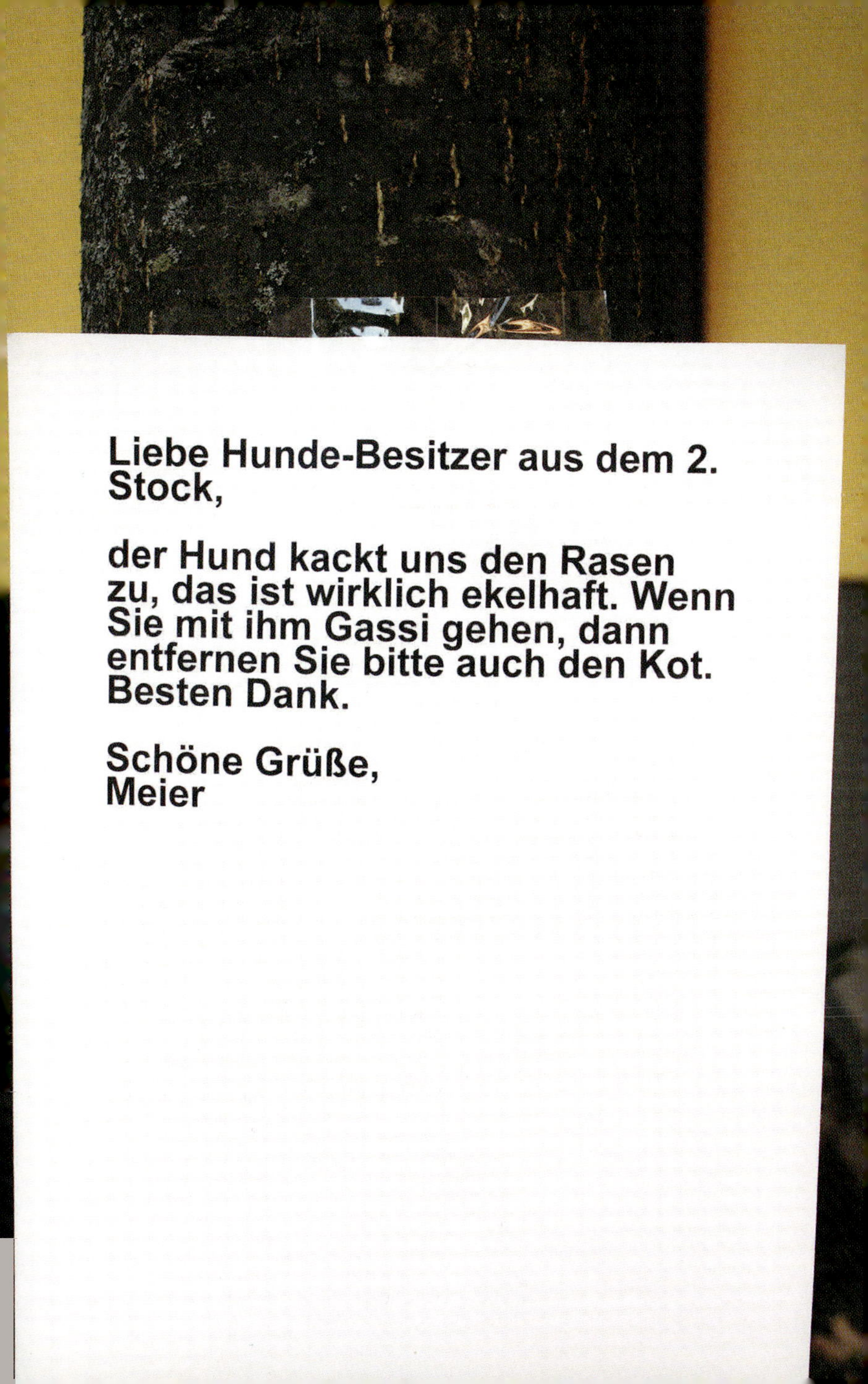
Liebe Hunde-Besitzer aus dem 2. Stock,

der Hund kackt uns den Rasen zu, das ist wirklich ekelhaft. Wenn Sie mit ihm Gassi gehen, dann entfernen Sie bitte auch den Kot. Besten Dank.

Schöne Grüße,
Meier

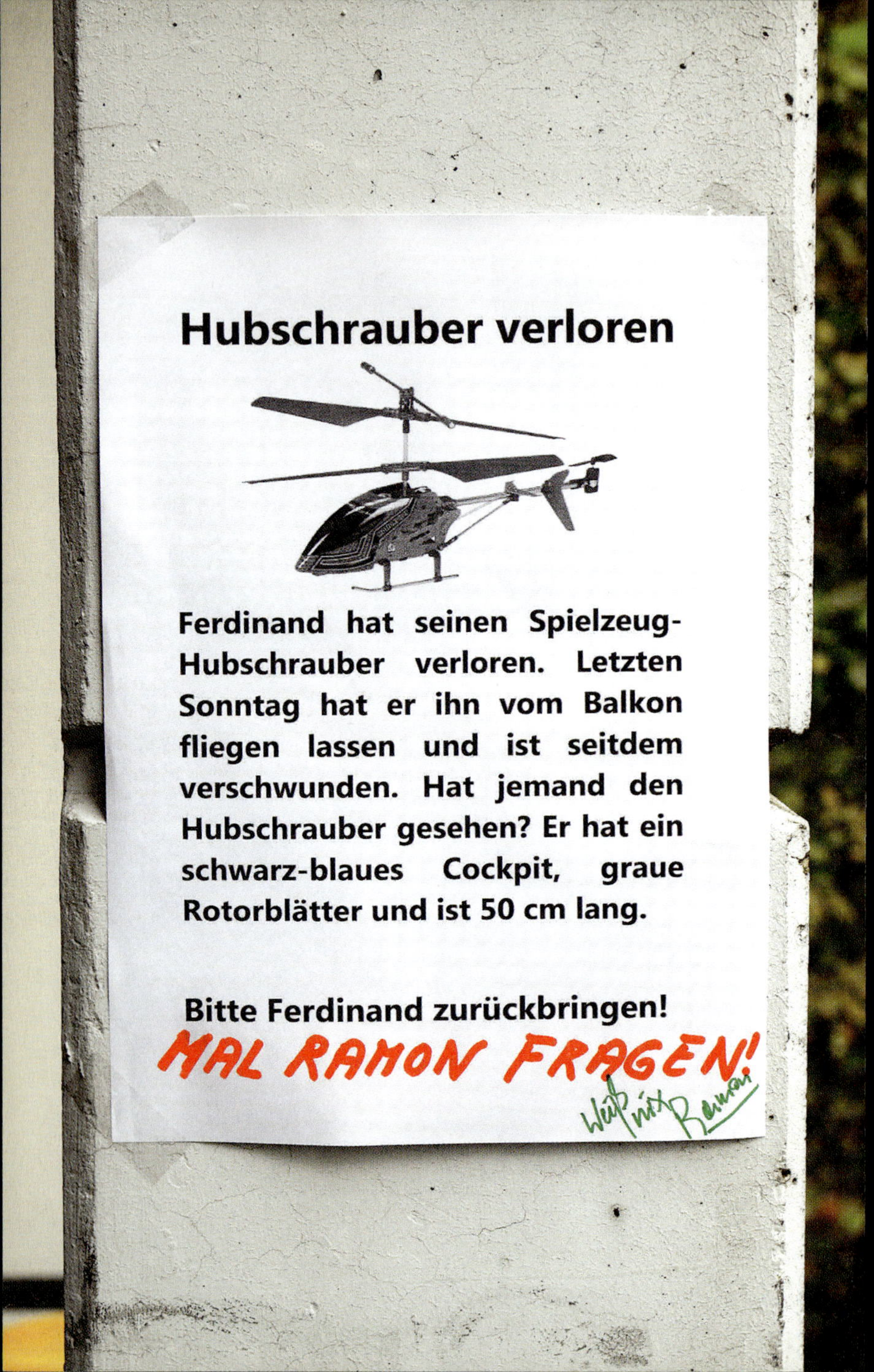
Hubschrauber verloren
Ferdinand hat seinen Spielzeug-Hubschrauber verloren. Letzten Sonntag hat er ihn vom Balkon fliegen lassen und ist seitdem verschwunden. Hat jemand den Hubschrauber gesehen? Er hat ein schwarz-blaues Cockpit, graue Rotorblätter und ist 50 cm lang.
Bitte Ferdinand zurückbringen!
MAL RAMON FRAGEN!
Weiß nix Ramon

WELCHER IDIOT MACHT SEIN FAHRRAD-
SCHLOSS AN MEINEN GEPÄCK-
TRÄGER????
BROOKS

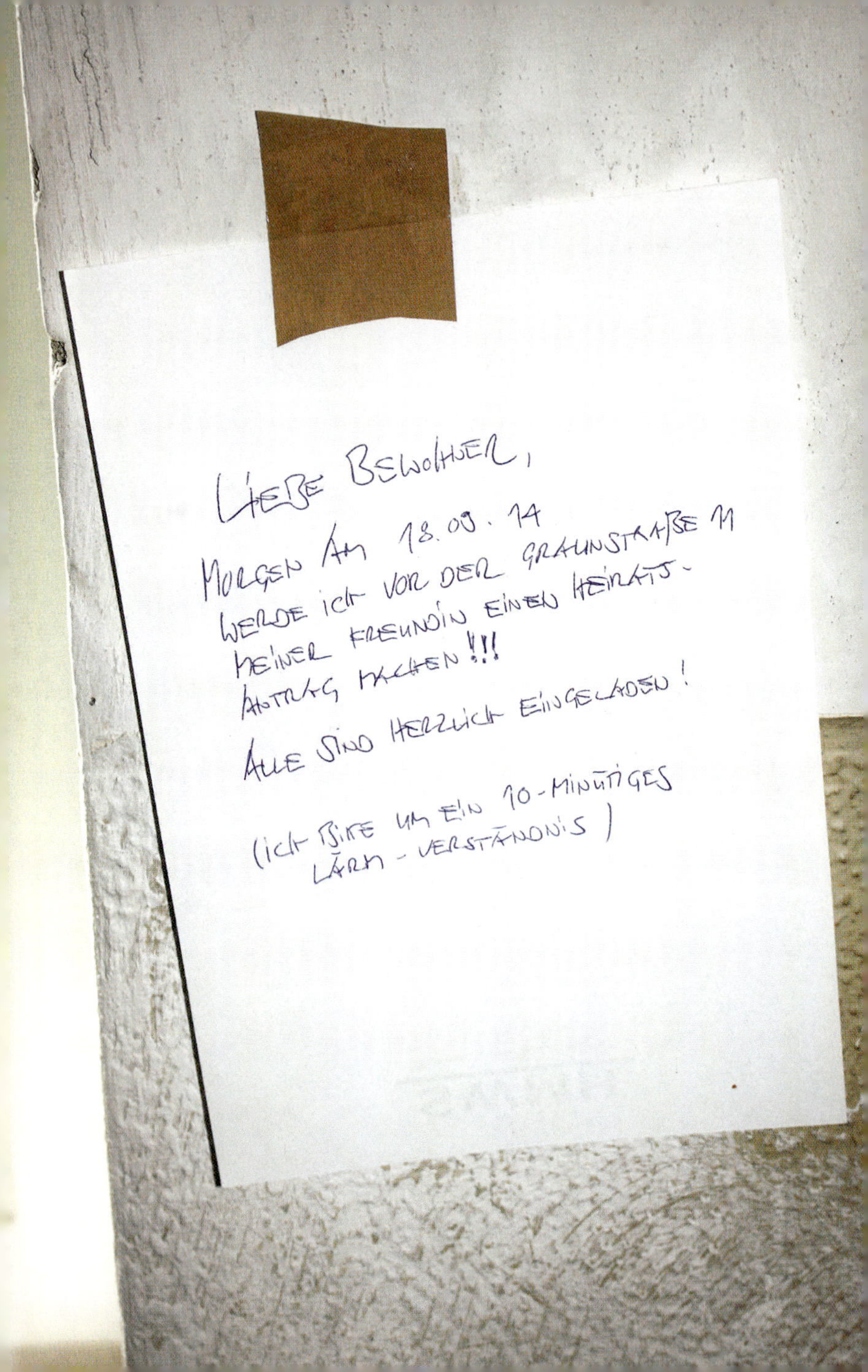
LIEBE BEWOHNER,
MORGEN AM 18.09.14
WERDE ICH VOR DER GRAUNSTRAßE 11
MEINER FREUNDIN EINEN HEIRATS-
ANTRAG MACHEN!!!
ALLE SIND HERZLICH EINGELADEN!
(ICH BITTE UM EIN 10-MINÜTIGES
LÄRM-VERSTÄNDNIS)

KEIN ZUTRITT FÜR MIETER.

GANG ~~BETRETEN~~ -Bang STRENGSTENS VERBOTEN.

GEZ. DER EIGENTÜMER

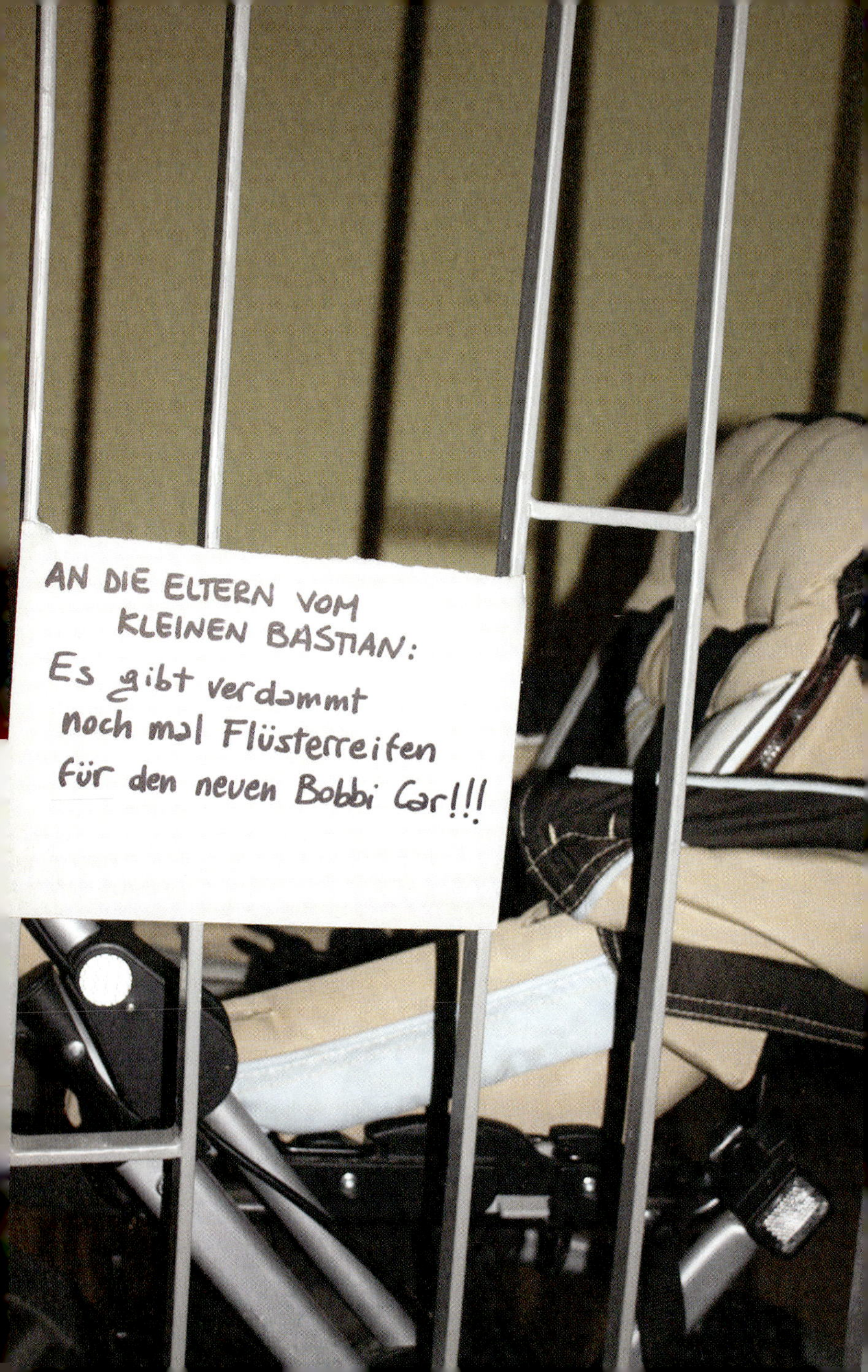
AN DIE ELTERN VOM
KLEINEN BASTIAN:
Es gibt verdammt
noch mal Flüsterreifen
für den neuen Bobbi Car!!!

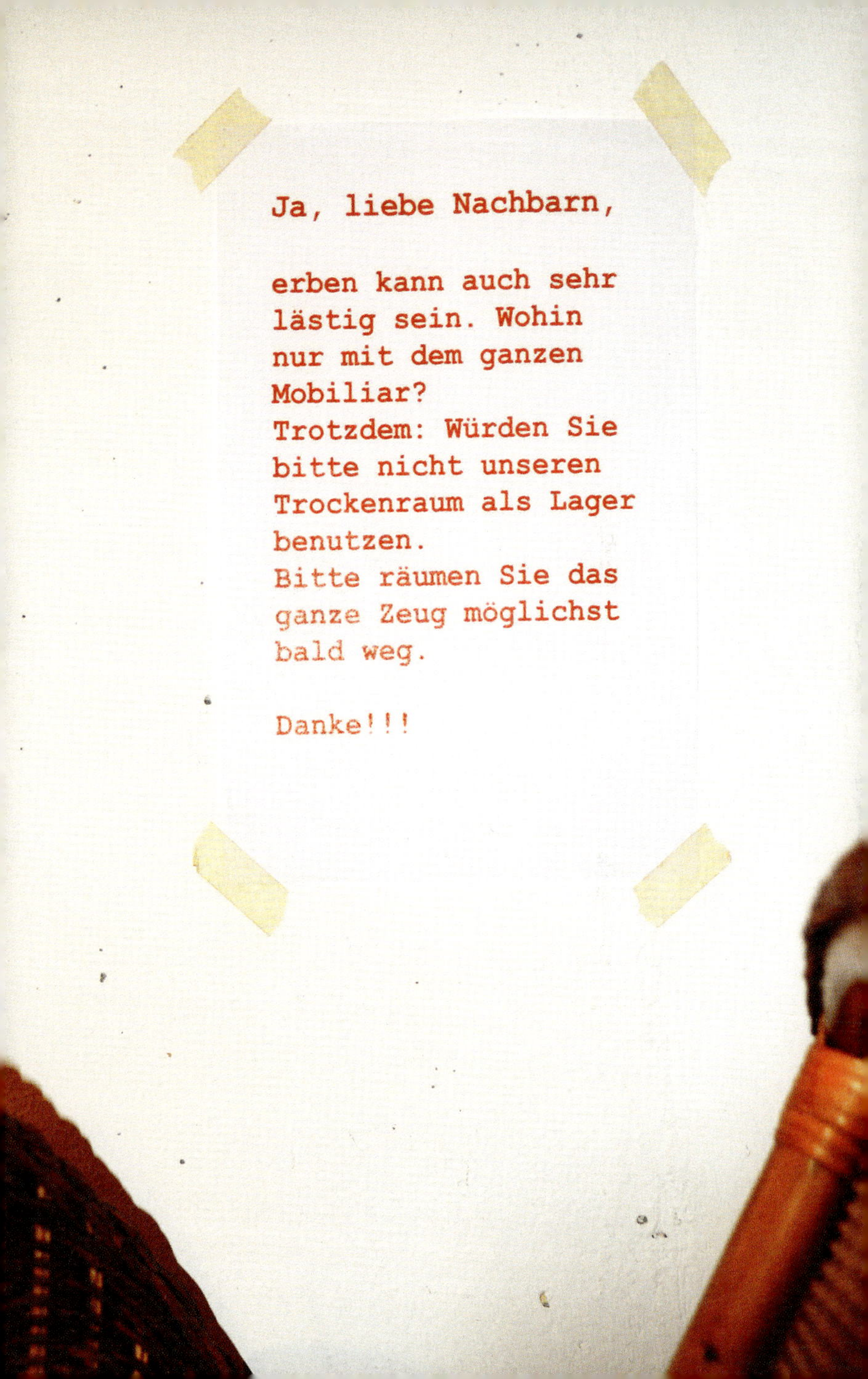

Ja, liebe Nachbarn,

erben kann auch sehr
lästig sein. Wohin
nur mit dem ganzen
Mobiliar?
Trotzdem: Würden Sie
bitte nicht unseren
Trockenraum als Lager
benutzen.
Bitte räumen Sie das
ganze Zeug möglichst
bald weg.

Danke!!!

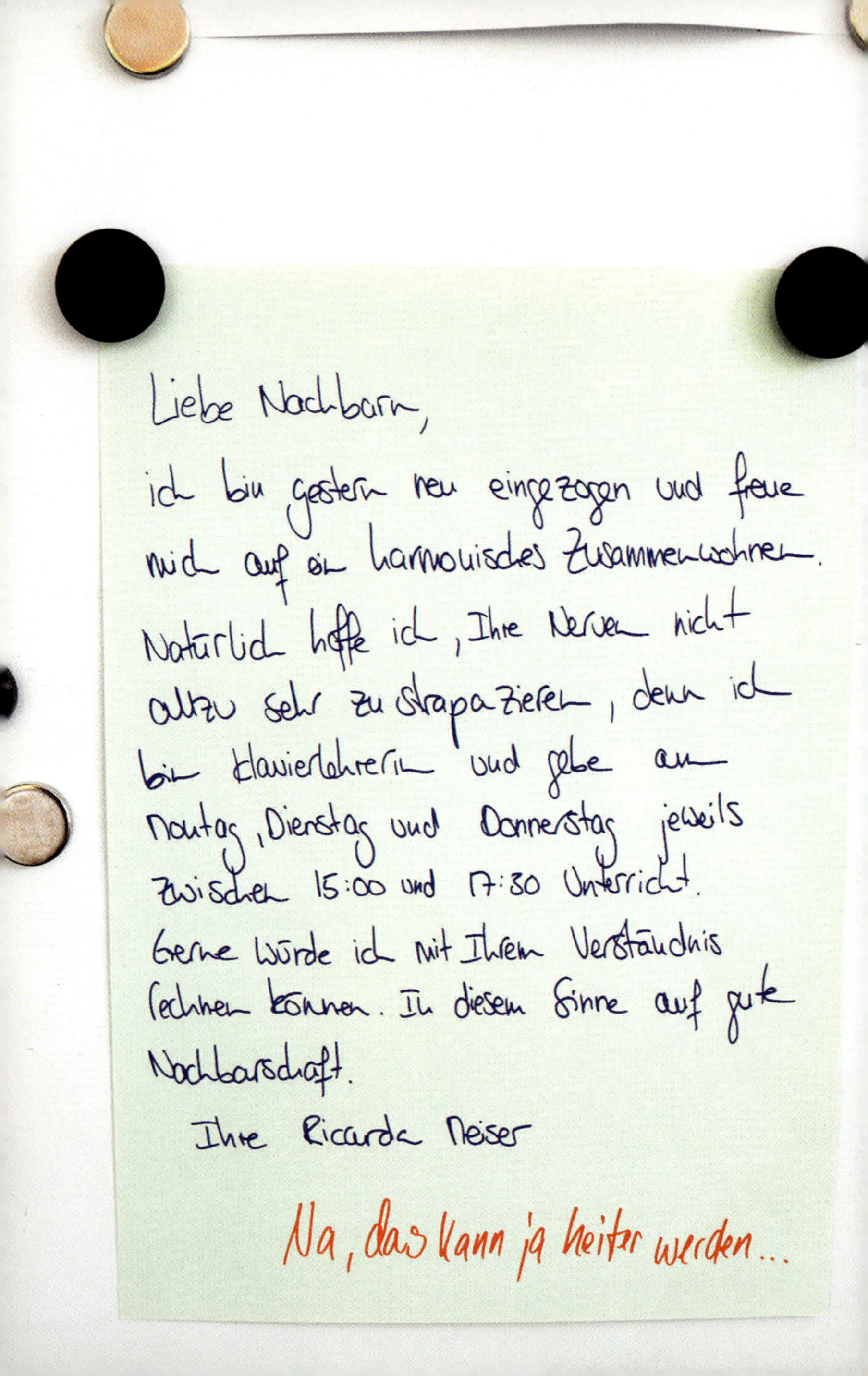
Liebe Nachbarn,

ich bin gestern neu eingezogen und freue mich auf ein harmonisches Zusammenwohnen. Natürlich hoffe ich, Ihre Nerven nicht allzu sehr zu strapazieren, denn ich bin Klavierlehrerin und gebe am Montag, Dienstag und Donnerstag jeweils zwischen 15:00 und 17:30 Unterricht. Gerne würde ich mit Ihrem Verständnis rechnen können. In diesem Sinne auf gute Nachbarschaft.

Ihre Ricarda Meiser

Na, das kann ja heiter werden …

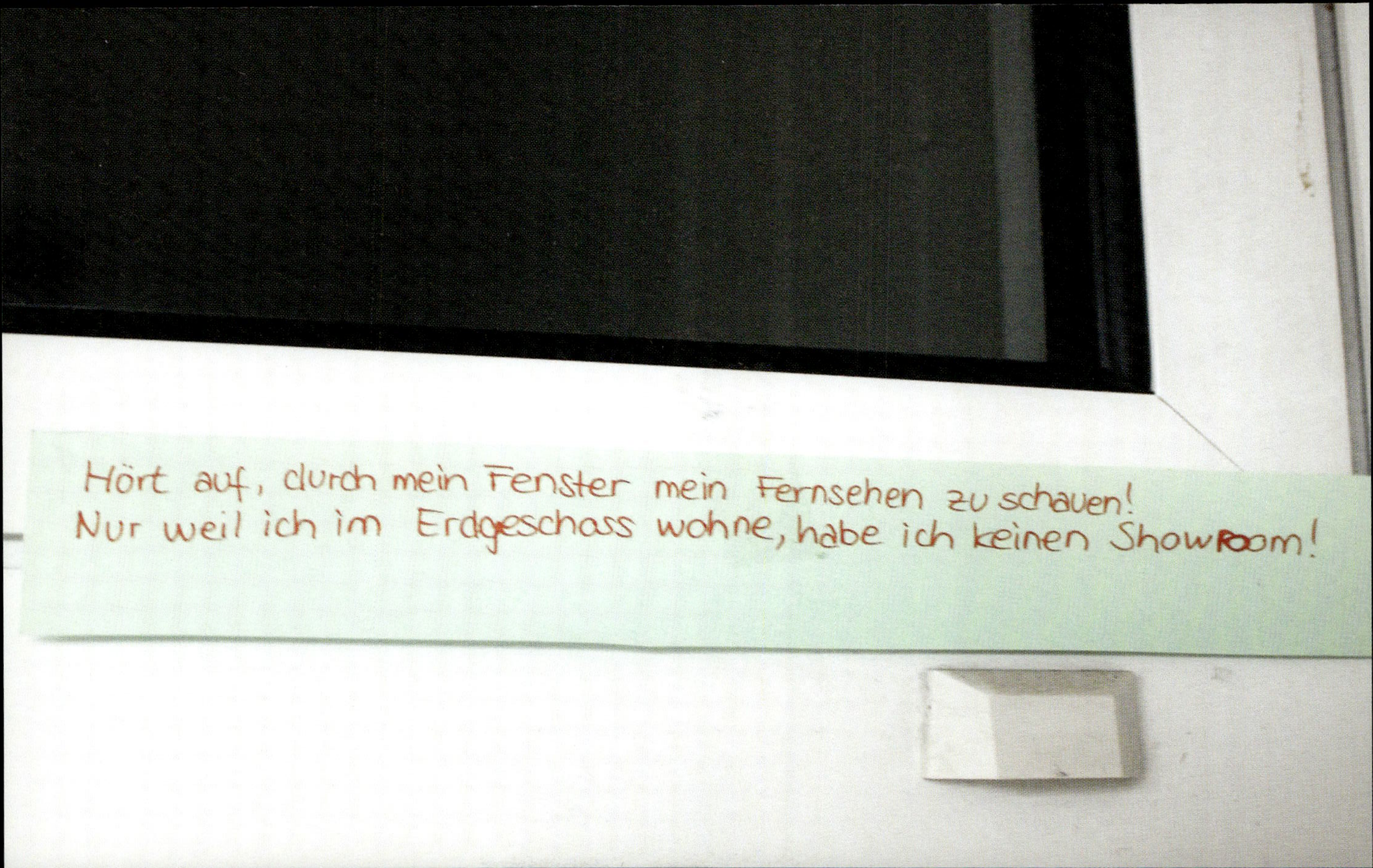
Hört auf, durch mein Fenster mein Fernsehen zu schauen!
Nur weil ich im Erdgeschass wohne, habe ich keinen ShowRoom!

Chiemseer
Hell
Wir bitten Sie ganz
höflich, nicht mehr
so laut herum-
zuschreien.

Bitte keine leeren Bierflaschen im Treppenhaus liegen lassen.

~~Hausmeister~~ Wohl eher „Saufmeister…"

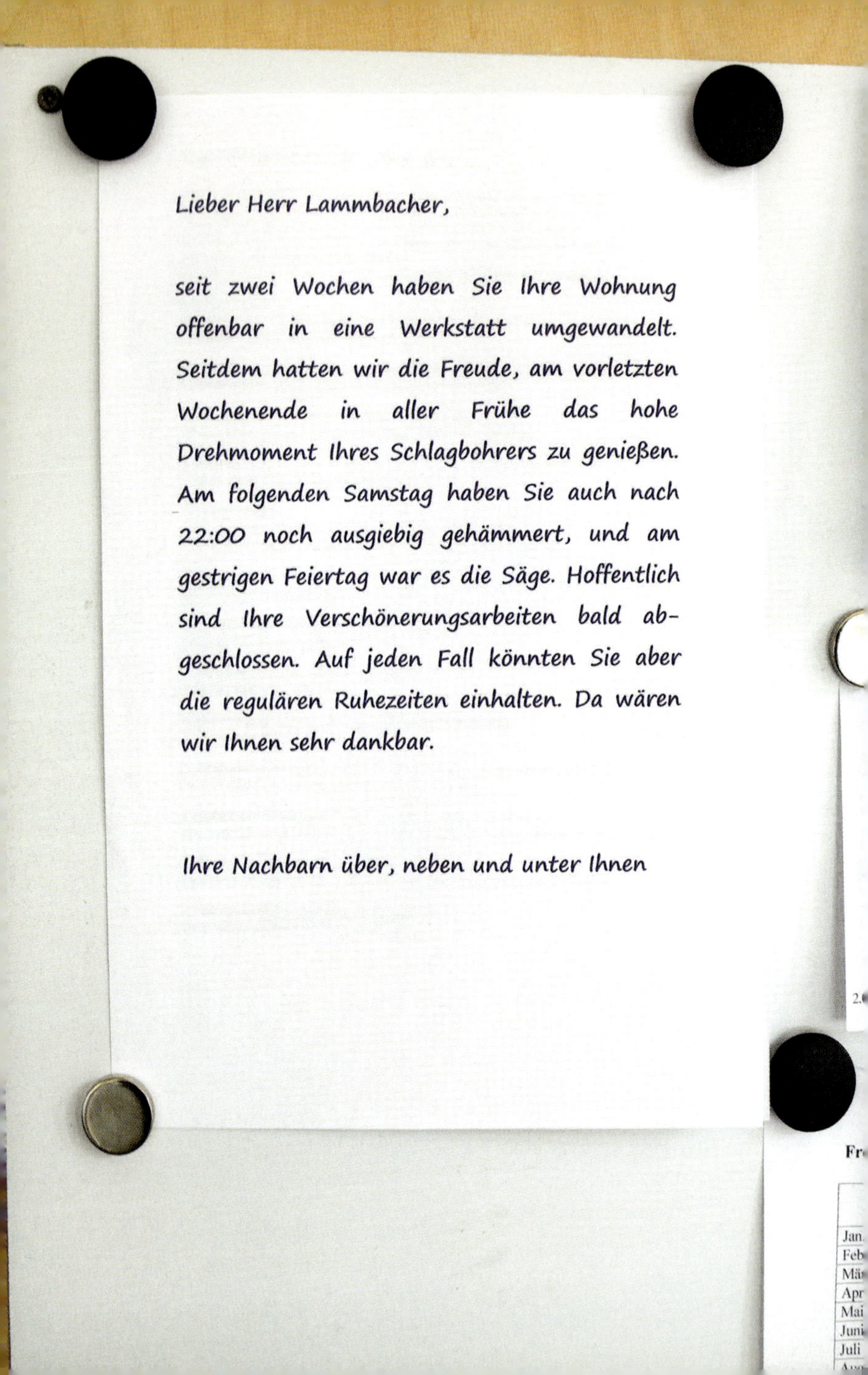

Lieber Herr Lammbacher,

seit zwei Wochen haben Sie Ihre Wohnung offenbar in eine Werkstatt umgewandelt. Seitdem hatten wir die Freude, am vorletzten Wochenende in aller Frühe das hohe Drehmoment Ihres Schlagbohrers zu genießen. Am folgenden Samstag haben Sie auch nach 22:00 noch ausgiebig gehämmert, und am gestrigen Feiertag war es die Säge. Hoffentlich sind Ihre Verschönerungsarbeiten bald abgeschlossen. Auf jeden Fall könnten Sie aber die regulären Ruhezeiten einhalten. Da wären wir Ihnen sehr dankbar.

Ihre Nachbarn über, neben und unter Ihnen

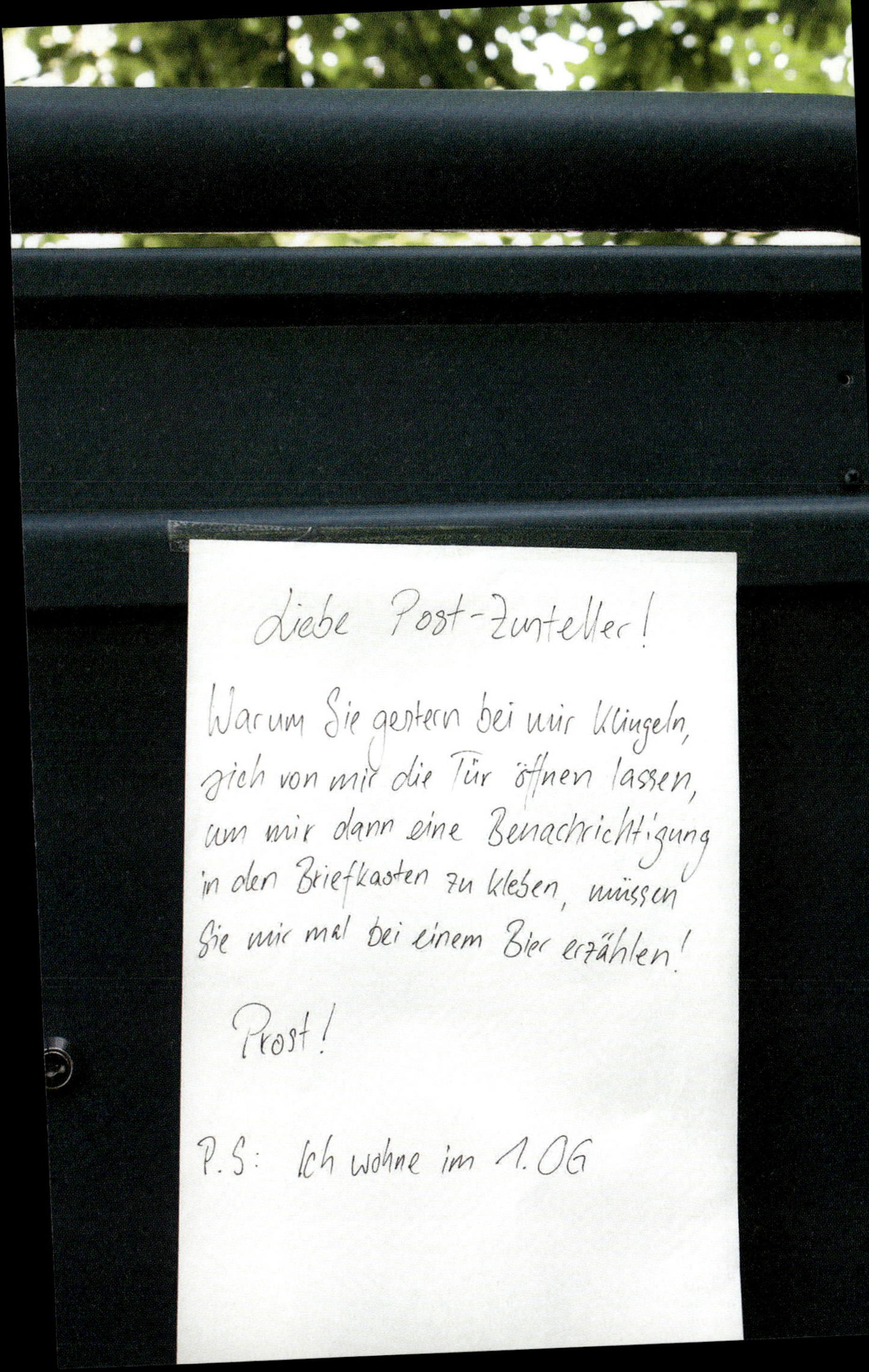
Liebe Post-Zusteller!
Warum Sie gestern bei mir klingeln,
sich von mir die Tür öffnen lassen,
um mir dann eine Benachrichtigung
in den Briefkasten zu kleben, müssen
Sie mir mal bei einem Bier erzählen!
Prost!
P.S: Ich wohne im 1.OG

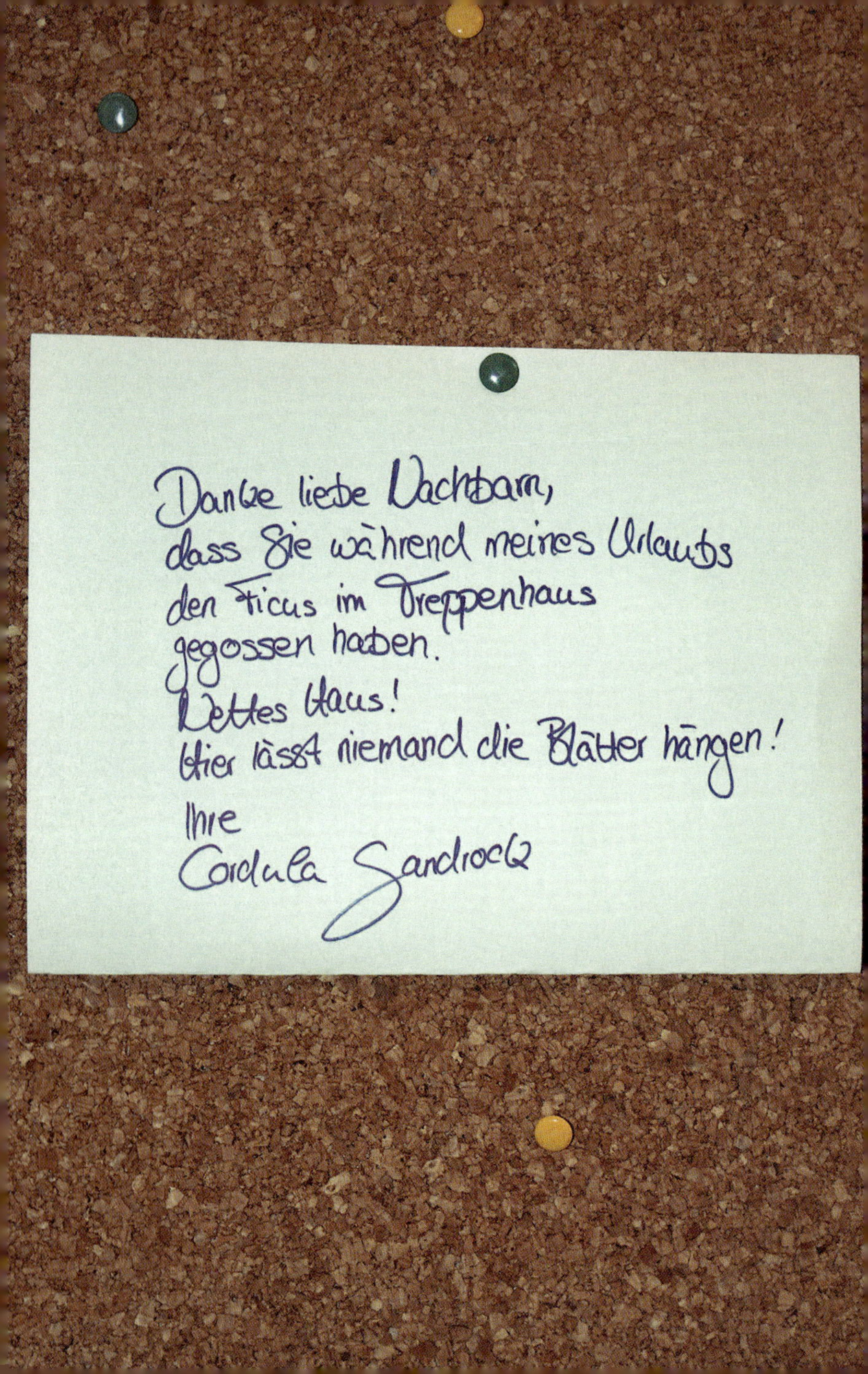
Danke liebe Nachbarn,
dass Sie während meines Urlaubs
den Ficus im Treppenhaus
gegossen haben.
Nettes Haus!
Hier lässt niemand die Blätter hängen!
Ihre
Cordula Sandrock

Dieser Parkplatz ist für die Bewohner des Hauses gedacht.
versteh ich nicht !!!

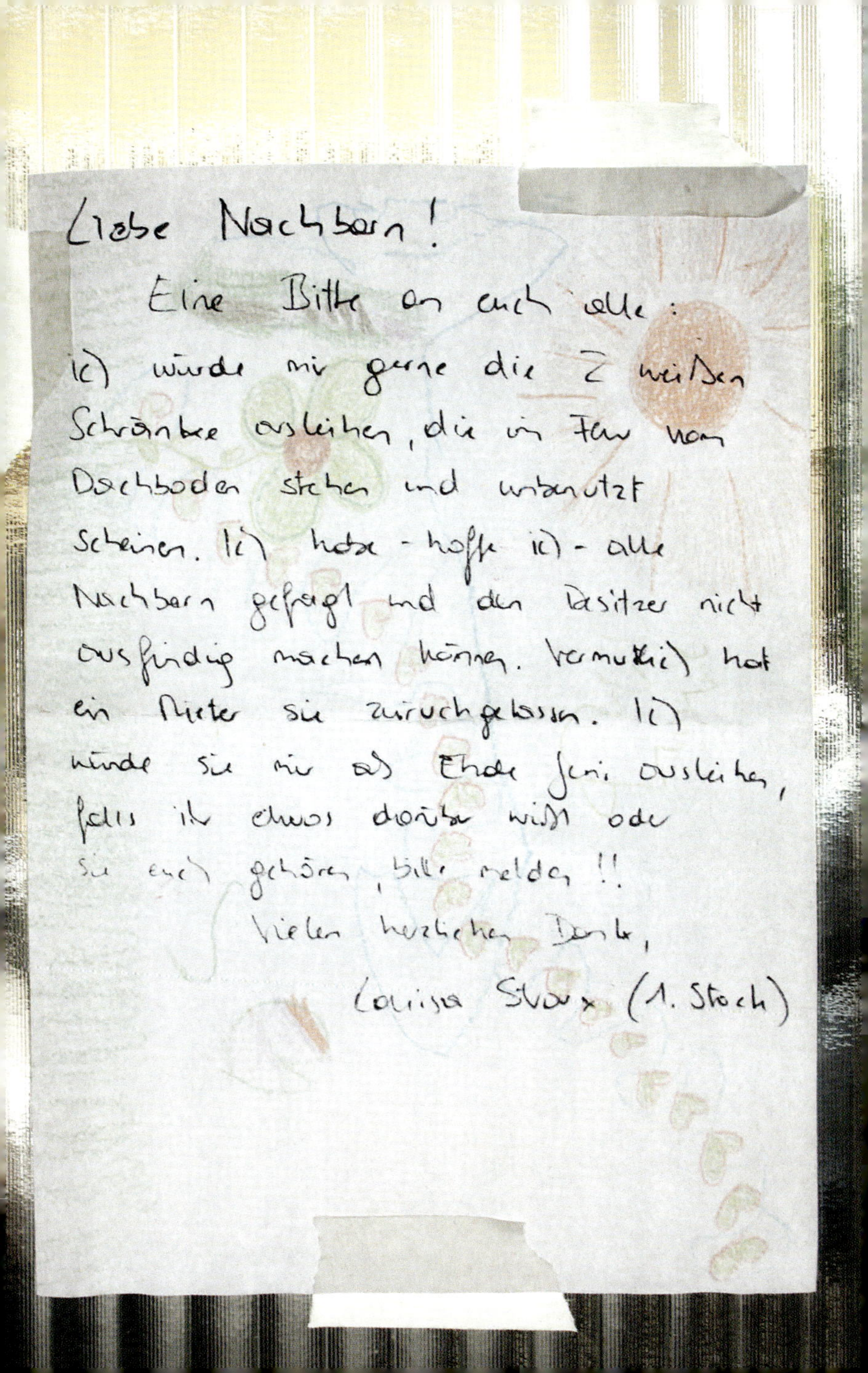

Liebe Nachbarn!

Eine Bitte an euch alle:

Ich würde mir gerne die 2 weißen Schränke ausleihen, die im Flur vom Dachboden stehen und unbenutzt scheinen. Ich habe – hoffe ich – alle Nachbarn gefragt und den Besitzer nicht ausfindig machen können. Vermutlich hat ein Mieter sie zurückgelassen. Ich würde sie mir bis Ende Juni ausleihen, falls ihr etwas darüber wisst oder sie euch gehören, bitte melden!!

Vielen herzlichen Dank,

Louisa Stoux (1. Stock)

HEY TOURISTS
DON'T PISS HERE
PISS OFF

Liebe Nachbarn,

am Samstag ist es so weit, unser Helmut wird 50! Wir wollen diesen besonderen Geburtstag ordentlich begießen und überraschen ihn mit einer schönen Feier. Wir bitten um Verständnis, falls es etwas lauter wird. Sie sind natürlich auch alle eingeladen. Es gibt Rieslingtorte!

Herzliche Grüße

Waltraud

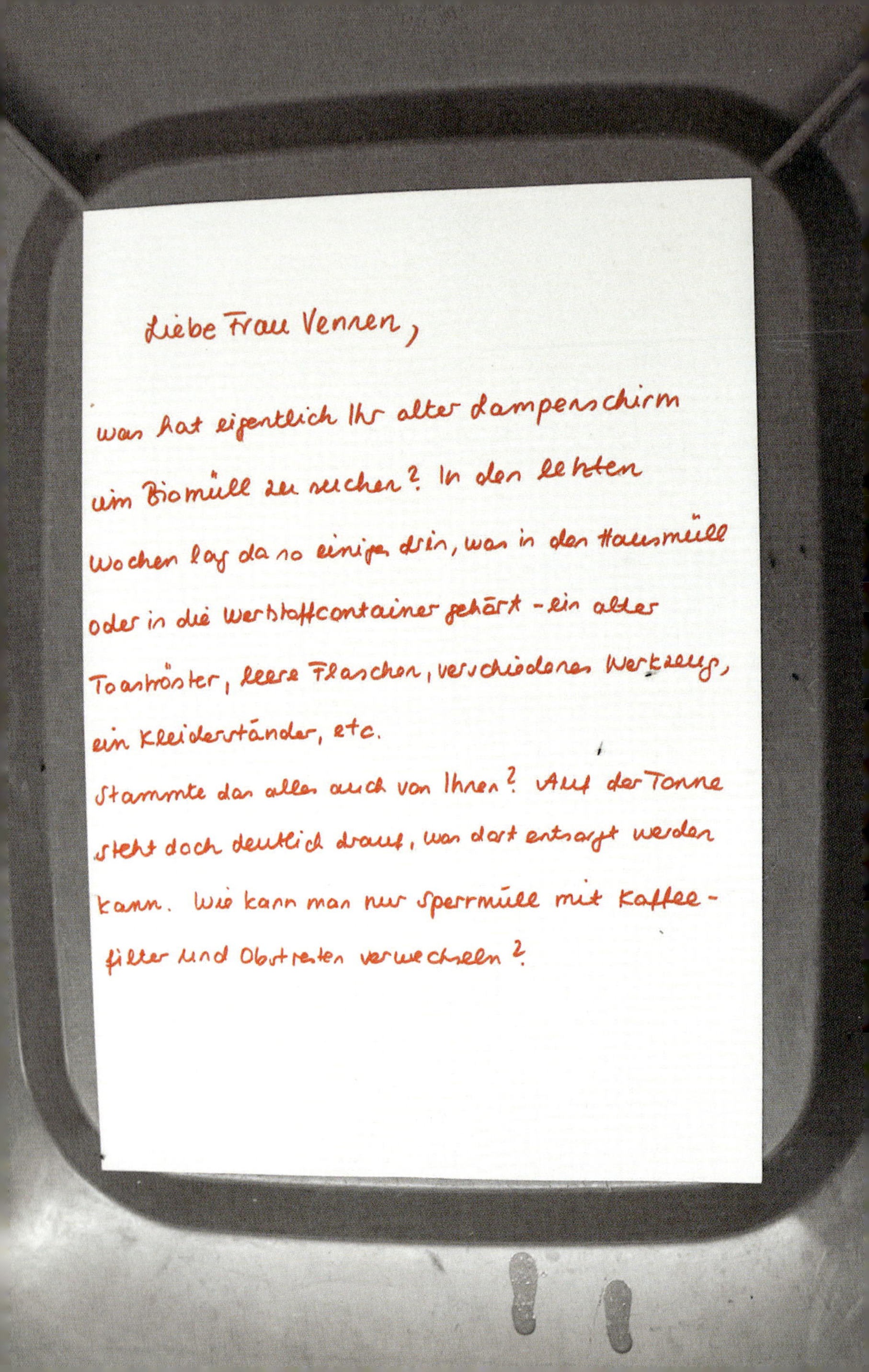

Liebe Frau Vennen,

was hat eigentlich Ihr alter Lampenschirm im Biomüll zu suchen? In den letzten Wochen lag da so einiges drin, was in den Hausmüll oder in die Wertstoffcontainer gehört – ein alter Toaströster, leere Flaschen, verschiedenes Werkzeug, ein Kleiderständer, etc.

Stammte das alles auch von Ihnen? Auf der Tonne steht doch deutlich drauf, was dort entsorgt werden kann. Wie kann man nur Sperrmüll mit Kaffee-filter und Obstresten verwechseln?

Bitte Tor leise schließen! Wenn nachts die Tür ins Schloss fällt, ist das so laut, dass wir jedes Mal davon aufwachen.

KEIN BOHREN + HÄMMERN
VOR 8H – SONST POLIZEI
Es war Zeitumstellung!!!

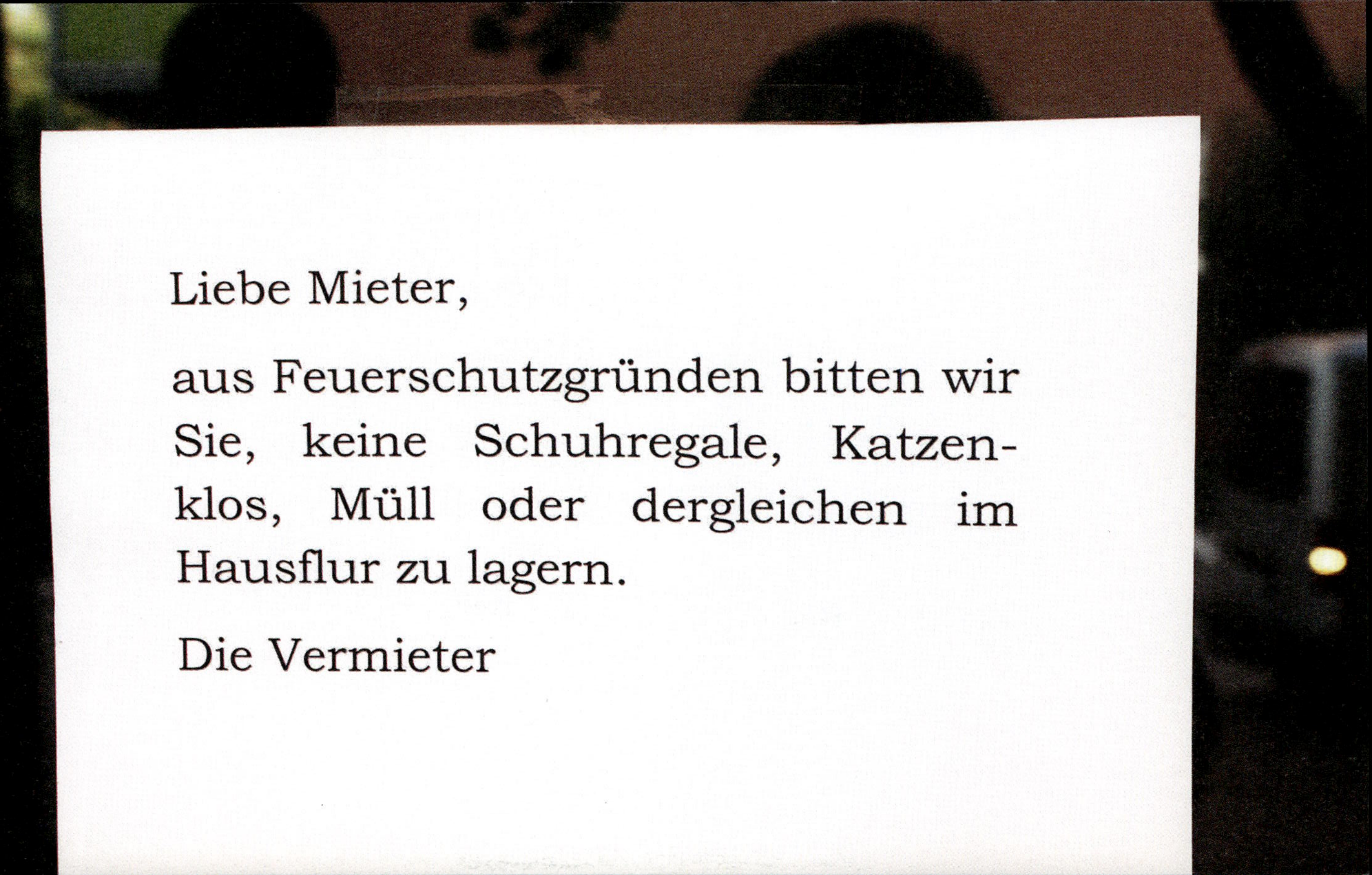
Liebe Mieter,
aus Feuerschutzgründen bitten wir Sie, keine Schuhregale, Katzenklos, Müll oder dergleichen im Hausflur zu lagern.
Die Vermieter

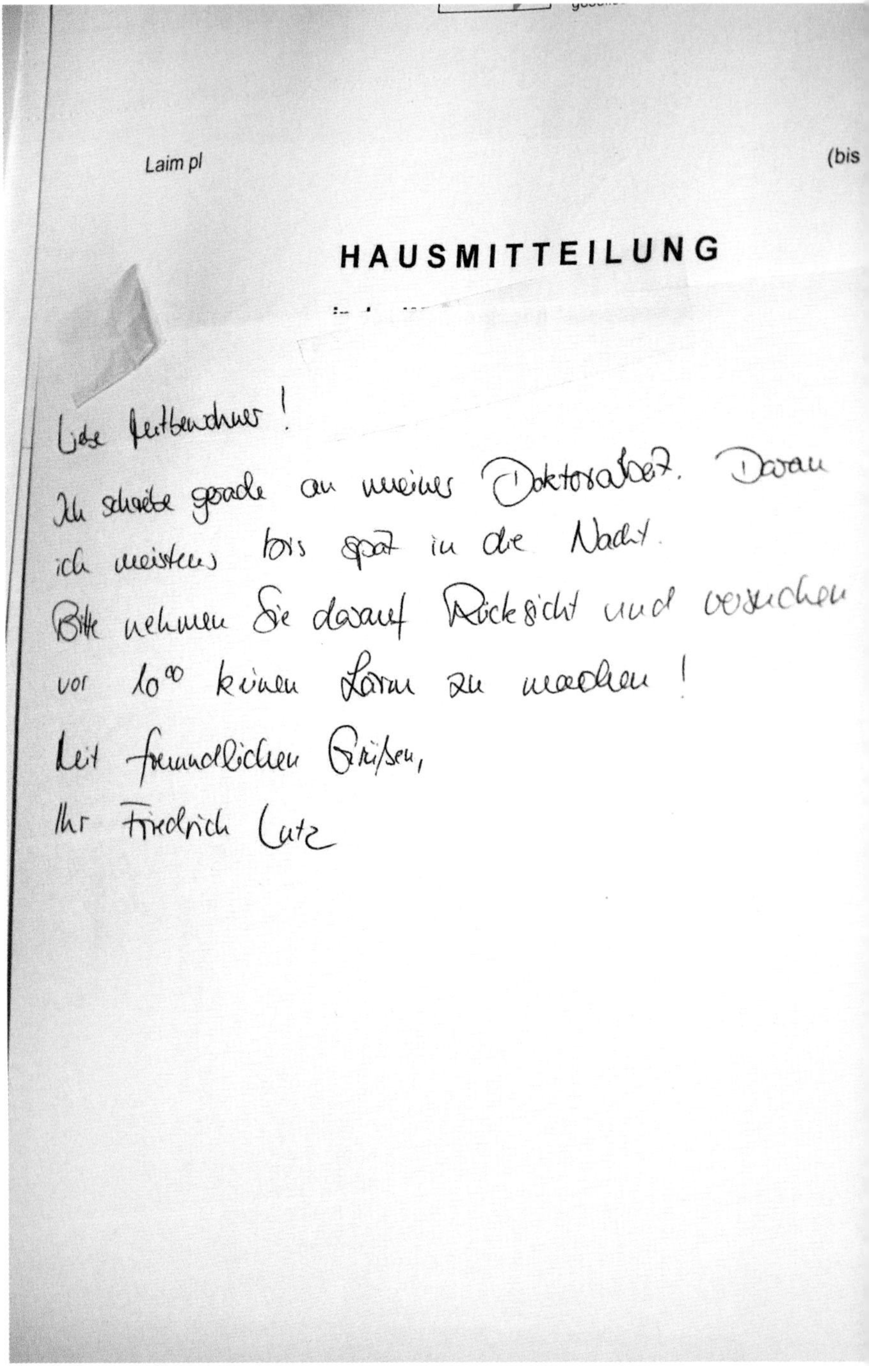

Laim pl (bis

HAUSMITTEILUNG

Liebe Mitbewohner!

Ich schreibe gerade an meiner Doktorarbeit. Daran ich meistens bis spät in die Nacht.

Bitte nehmen Sie darauf Rücksicht und versuchen vor 10^{00} keinen Lärm zu machen!

Mit freundlichen Grüßen,

Ihr Friedrich Lutz

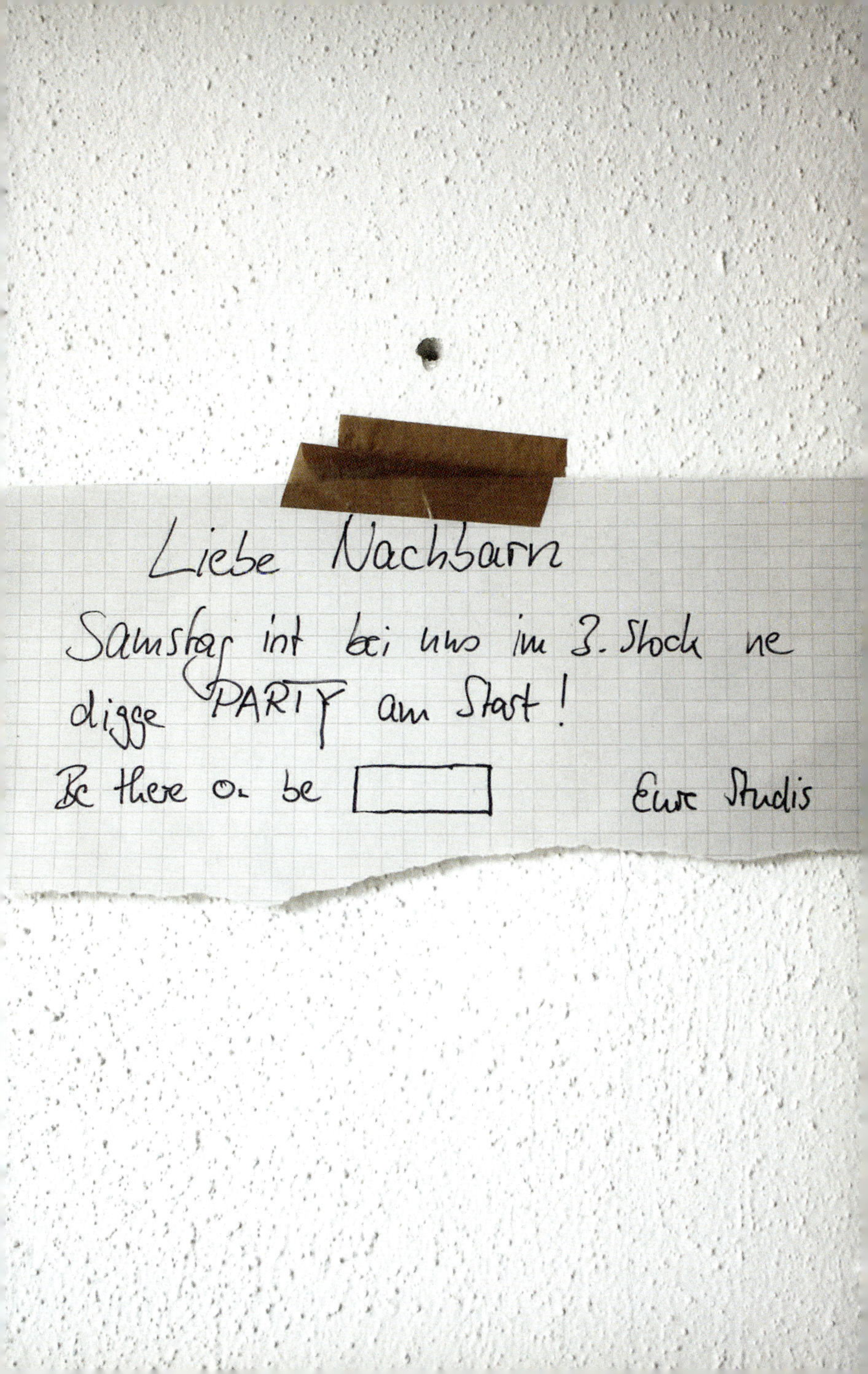
Liebe Nachbarn
Samstag ist bei uns im 3. Stock ne digge PARTY am Start!
Be there or be
Eure Studis

BITTE DIE
KELLERTÜR IMMER
GESCHLOSSEN
HALTEN
ODER WOHNT IHR
IM FAHRSTUHL ???!!!

Bitte den Hund
im Treppenhaus
ANLEINEN!

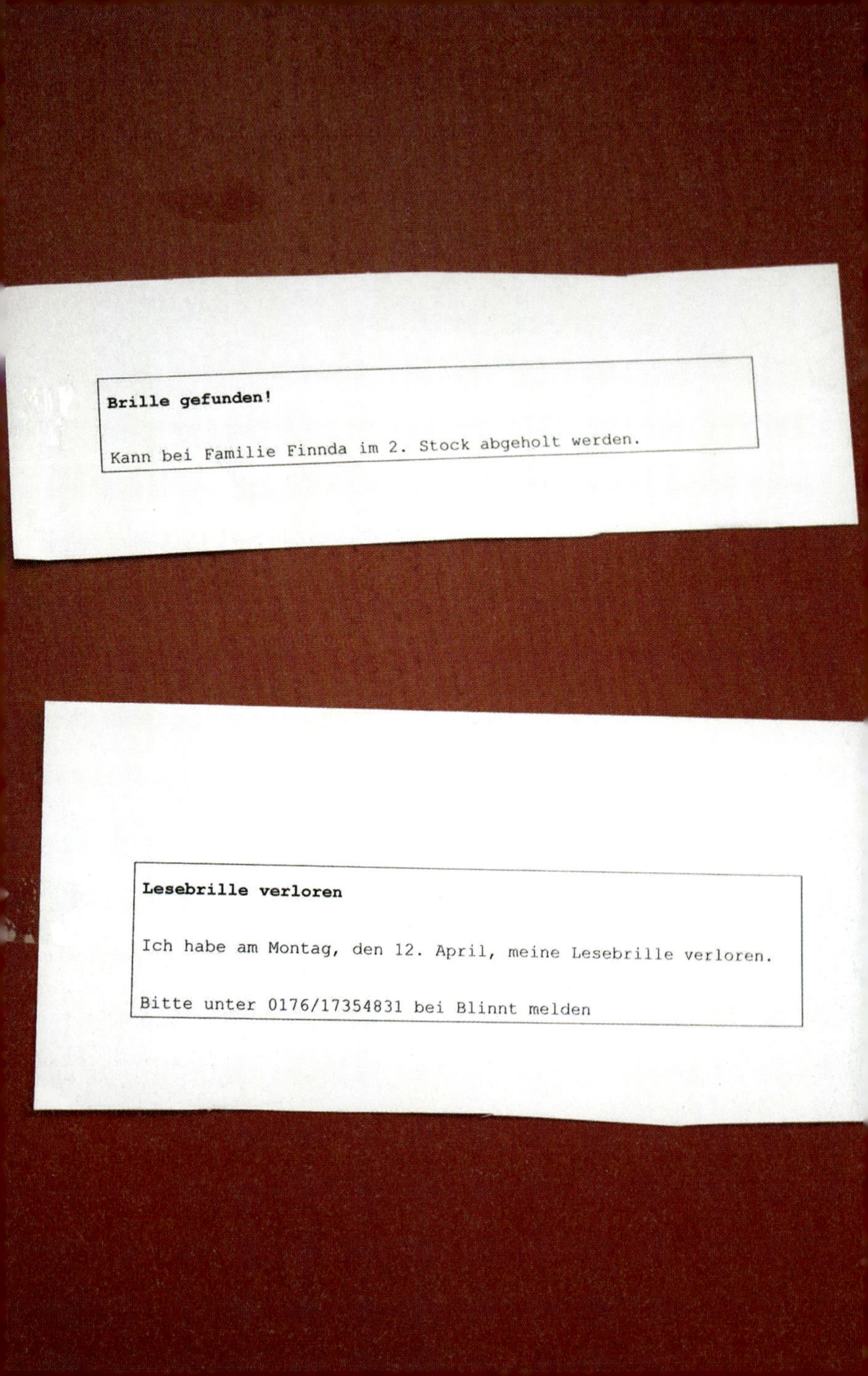
Brille gefunden!

Kann bei Familie Finnda im 2. Stock abgeholt werden.

Lesebrille verloren

Ich habe am Montag, den 12. April, meine Lesebrille verloren.

Bitte unter 0176/17354831 bei Blinnt melden

Der Nachbar hat schon 3 Zettel geschrieben!
Wir müssen ALLE daran denken!!!
Bitte LEISE!
Bitte LEISE!
Bitte LEISE!
Bitte LEISE!

Liebe Nachbarn,

wir, Ingo & Martina Wahief,
sind die neuen Nachbarn
im Haus und möchten Sie alle
am Sonnabend zu Kaffee und
Kuchen einladen!

Herzlichst
Ihre Wahiefs

Gibts Alkohol?
Dann gern!

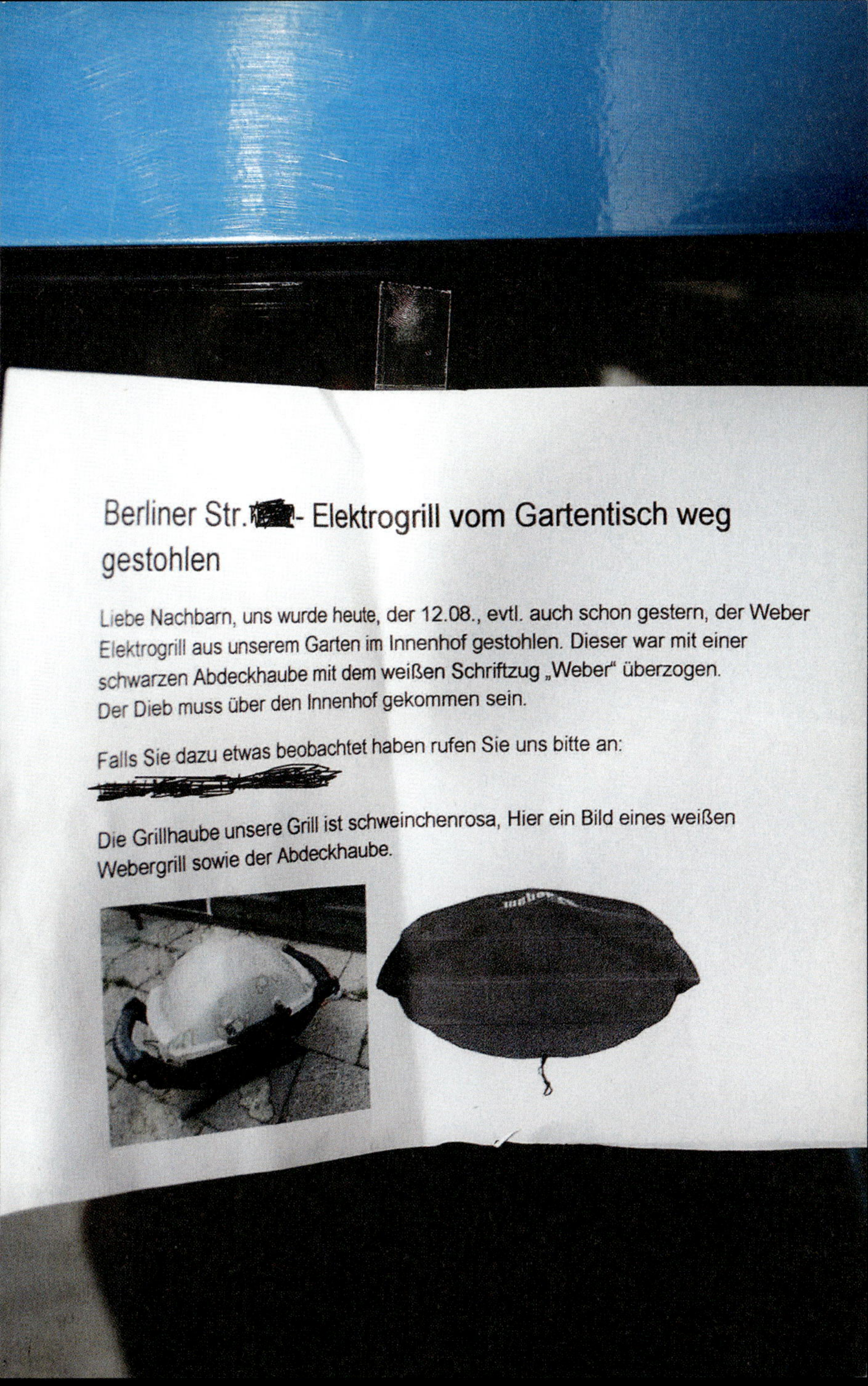

Berliner Str.[redacted]- Elektrogrill vom Gartentisch weg gestohlen

Liebe Nachbarn, uns wurde heute, der 12.08., evtl. auch schon gestern, der Weber Elektrogrill aus unserem Garten im Innenhof gestohlen. Dieser war mit einer schwarzen Abdeckhaube mit dem weißen Schriftzug „Weber" überzogen.
Der Dieb muss über den Innenhof gekommen sein.

Falls Sie dazu etwas beobachtet haben rufen Sie uns bitte an:
[redacted]

Die Grillhaube unsere Grill ist schweinchenrosa, Hier ein Bild eines weißen Webergrill sowie der Abdeckhaube.

Liebe Nachbarn,

haben Sie neuerdings in Ihrer Küche die Dunstabzugshaube mit einem Ventilator Richtung Fenster gekoppelt? Seit einigen Tagen ziehen heftigste Dämpfe zu uns hoch, und es riecht, als würden wir über einer Frittenbude wohnen. Könnten Sie das Gebläse bitte wieder abstellen, denn wir können nicht dauernd die Schotten dicht machen.

Vielen Dank!

Liebe Leute,
gemeinsam Fußball in der Glotze schauen ist sicher toll, und dann während der Halbzeit auf dem Balkon bierselige Kampflieder grölen hebt garantiert die Stimmung. Für eure Nachbarn ist es aber eine echte Zumutung.

Bitte, macht das doch in der Wohnung, wenn es schon unbedingt sein muss. Am besten geht ihr jedoch ins Stadion. Da haben dann wirklich alle mehr davon: ihr, der Verein – und wir!

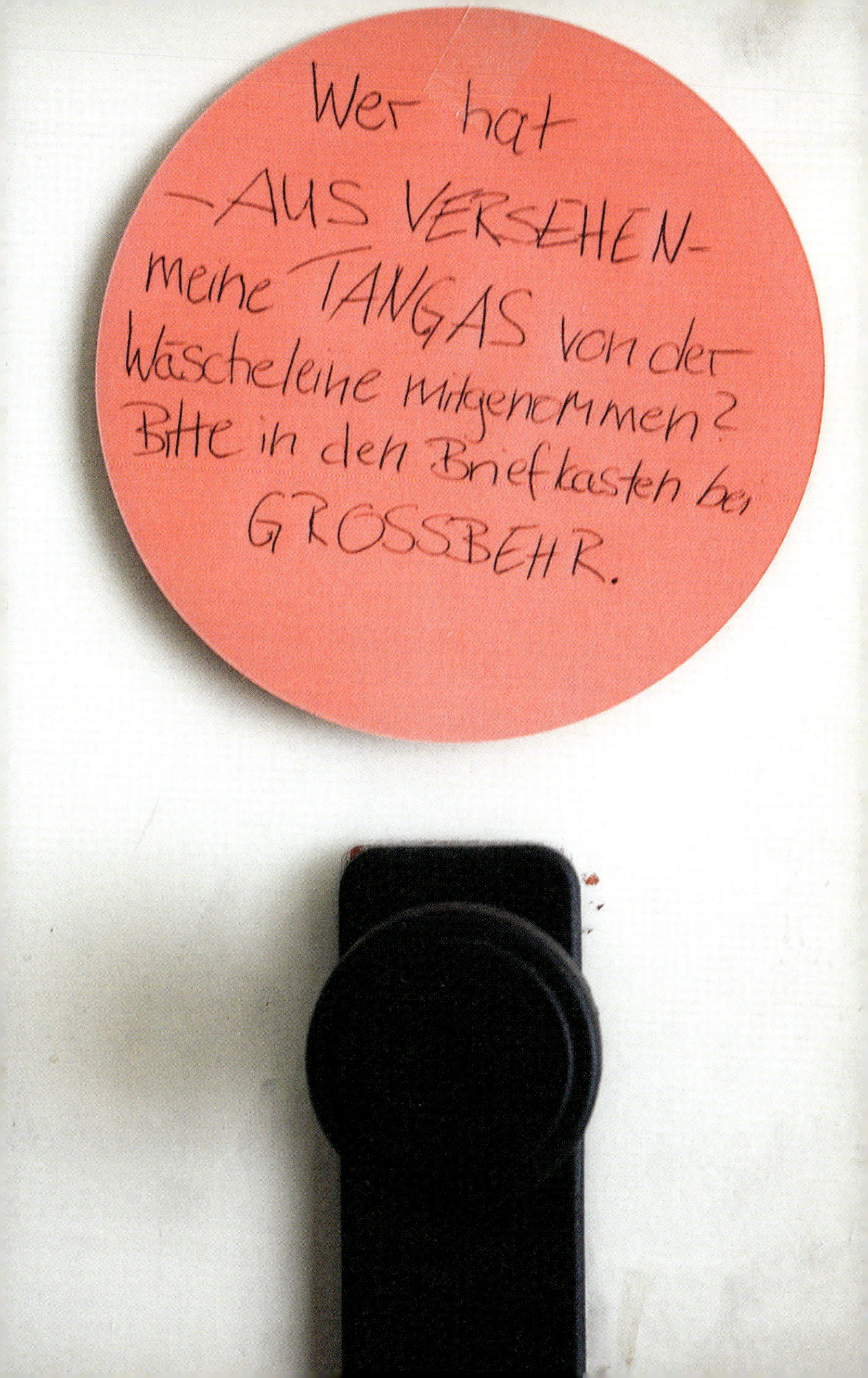
Wer hat
-AUS VERSEHEN-
meine TANGAS von der
Wäscheleine mitgenommen?
Bitte in den Briefkasten bei
GROSSBEHR.

Liebe Nachbarn,
über Sie müsste man ein Buch schreiben. Der
Titel: Suche: Wahre Liebe
Biete: Nichts als Ärger
Bitte verschonen Sie uns mit Ihren Beziehungsproblemen!
Familie Anger

Vorsicht !!!!!!!!!!!!!!!!!!!!
Freilaufende Küken
Hunde verboten
Nicht füttern
1

NUN IST ABER
ENDLICH
SCHLUSS
MIT DER
NACHBARSCHAFTS-
NÖRGELEI